Deutschland und das Europa der Verteidigung

Hans-Peter Bartels

Deutschland und das Europa der Verteidigung

Globale Mitverantwortung erfordert das Ende militärischer Kleinstaaterei

Der Autor

Hans-Peter Bartels, geb. 1961, Dr. phil., war 1998–2015 SPD-Bundestagsabgeordneter, zuletzt Vorsitzender des Verteidigungs-ausschusses, und ist gegenwärtig Wehrbeauftragter des Deutschen Bundestages. Zahlreiche Veröffentlichungen zu sicherheitspolitischen Fragen. Bisher bei Dietz erschienen: *Strategische Autonomie und die Verteidigung Europas* (2017).

Bibliografische Information der Deutschen Nationalbibliothek
Die Deutsche Nationalbibliothek verzeichnet diese Publikation in der Deutschen Nationalbibliografie; detaillierte bibliografische Daten sind im Internet über http://dnb.dnb.de abrufbar.

ISBN 978-3-8012-0562-1

© 2019 by
Verlag J. H. W. Dietz Nachf. GmbH
Dreizehnmorgenweg 24, D-53175 Bonn

Umschlaggestaltung: Jens Vogelsang, Aachen
Satz: Rohtext, Bonn
Druck und Verarbeitung: CPI books, Leck

Alle Rechte vorbehalten

Printed in Germany 2019

Besuchen Sie uns im Internet: *www.dietz-verlag.de*

Inhalt

Vorwort

In Dschibuti spielt die Welt im Moment wieder das *Great Game*. Die Franzosen sind da, immer schon, natürlich auch die Amerikaner, Deutschland unterhält eine militärische Minibasis, es gibt einen italienischen und einen japanischen Stützpunkt, und die Chinesen steigen gerade groß ein, militärisch und zivil. Wer die Hauptstraße nach Addis Abeba erreicht, sieht Tausende chinesische Lastwagen unterwegs nach Äthiopien. Dschibuti liegt am Horn von Afrika. Es kontrolliert die Meerenge zwischen dem Roten Meer und dem Golf von Aden, an der Gegenküste liegt Jemen, wo der Iran und Saudi-Arabien gegenwärtig einen schmutzigen Stellvertreterkrieg austragen, südlich grenzt der *failed state* Somalia an. Von dort kommen die Flüchtlinge, die sich entlang der Straße unter Plastikplanen vor der sengenden Sonne wegducken. Das Kontingent der Bundeswehr hat seine Container in einer grauen Halle des französischen Stützpunkts aufgestellt. Seit 2001 tun hier deutsche Soldaten Dienst. Zurzeit geht es um Pirateriebekämpfung, früher um Antiterror-Patrouillen.

Jeder Auslandseinsatz folgt einem bestimmten, vom Parlament mandatierten Zweck. Aber das internationale Umfeld, in dem Deutschland gemäß der Präambel seines Grundgesetzes als gleichberechtigtes Mitglied der Völkerfamilie einen Beitrag zum „Frieden der Welt" leistet, verschiebt sich Richtung Geopolitik. Alle Welt scheint sich Einflusssphären und Stützpunkte zu sichern und in Positionsmanövern die Ausgangslage zu verbessern für das, was kommt.

Was kommt? Worauf müssen wir sicherheitspolitisch vorbereitet sein? Wie müssen Deutschland, Europa und der Westen insgesamt damit umgehen, dass die Übergangszeit nach dem Ende des Kalten Krieges unwiederbringlich vorbei ist? Die Zeit der Friedensdividende ist Geschichte. Nach der bipolaren Weltordnung vor 1990 und der unipolaren US-Hegemonie danach erleben wir heute vielfältige Polarisierungen und gleichzeitig eine Unübersichtlichkeit, die Angst macht. Während ich dies schreibe, hält die russische Marine vor der Küste Litauens ein großes

Spontan-Manöver mit 70 Kriegsschiffen und 10.000 Marinesoldaten ab. Das macht Eindruck.

In der Multipolarität der Gegenwart gewinnt das Recht des Stärkeren wieder enorm an Bedeutung. Tatkräftiger Unilateralismus verdrängt die Politik des Ausgleichs, des Verhandelns und Verträgeschließens, die Politik von Kooperation und Partnerschaft, verdrängt den effektiven Multilateralismus, den Deutschland hochzuhalten versucht. Terror, Krieg und Bürgerkrieg, Handelskonflikte und Wettrüsten, Staatszerfall, Flucht und Massenmigration gefährden weltweit Frieden, Menschenwürde und Wohlstand.

Europa muss und will sich strategische Autonomie erarbeiten. Deutschland und Frankreich sind dafür zentral, erst recht nach dem Brexit. Die Nato als transatlantische Klammer funktioniert im Prinzip noch, sieht sich aber durch die Trump-USA und die Erdogan-Türkei unterschiedlichen Belastungsproben ausgesetzt. Gleichzeitig kehrt seit der Krim-Annexion 2014 im Verhältnis zu Russland notwendigerweise das Prinzip der Abschreckung zurück, konventionell wie atomar.

Wenn Europa für die Bedrohungen und Gefahren der neuen Zeit gerüstet sein will, muss jetzt zügig die lange aufgeschobene Verteidigungsunion Wirklichkeit werden: weniger Kleinstaaterei, mehr europäische Integration. Für Nato-Europa heißt der eingeschlagene Pfad der Europäisierung *Framework Nation Concept*, für EU-Europa *Permanent Structured Cooperation* (PESCO), und auf bilateralem Weg sind im Moment Deutschland und die Niederlande das *role model* für die Herausbildung europäischer Inseln funktionierender Kooperation. Die Gründung der Europäischen Armee hat längst begonnen. Das Europa der Verteidigung, *l' Europe de la défense*, wie unsere französischen Freunde das Europäisierungsprojekt gern nennen, braucht über die 1,5 Millionen Soldaten von heute hinaus kein „größeres" Militär, aber ganz bestimmt viel mehr Effektivität.

Nach über 20 Jahren im Bundestag argumentiere ich nicht aus einem früheren oder aktuellen Amt heraus, nicht als einer der sicherheitspolitischen Sprecher der SPD oder Mitglied der sozialdemokratischen Grundwertekommission, nicht als Vorsitzender des Verteidigungsausschusses, nicht als Wehrbeauftragter des Deutschen Bundestages. Aber die langjährigen Erfahrungen aus diesen Funktionen prägen meine Perspektive. Ich argumentiere aus deutscher Sicht für ein auch sicherheitspolitisch handlungsfähiges Europa. Ich bin zutiefst davon überzeugt, dass auf den Gräbern vergangener Weltkriege und den Trümmern totalitärer Ideologien das zusammenwachsende Europa ein Friedensprojekt sein muss, nach innen und nach außen.

Dieses Buch folgt auf eine Monografie, die ich 2012, noch vor dem sicherheitspolitischen Wendejahr 2014, über Erfahrungen und Anforderungen deutscher Verteidigungspolitik veröffentlicht hatte. Der Titel damals in Anführungsstrichen: *„Wir sind die Guten"*. In der neuen Zeit erschien, gemeinsam mit Anna Maria Kellner und Uwe Optenhögel von der Friedrich-Ebert-Stiftung 2017 herausgegeben, auf Deutsch und auf Englisch der Sammelband *Strategische Autonomie und die Verteidigung Europas*, der in 28 Länderkapiteln die politische Ausgangslage für mehr Integration auf dem vernachlässigten Feld der Verteidigungspolitik analysiert. Dazu hat die Friedrich-Ebert-Stiftung in vielen europäischen Hauptstädten gemeinsam mit nationalen Partnerinstitutionen eine Vielzahl kleinerer Fachkongresse veranstaltet. Das vorliegende Buch lässt sich nun auch als Einführung in die sicherheitspolitische Debatte lesen – und als Standortbestimmung eines überzeugten Europäers.

Im Text verwende ich unter anderem Ergebnisse eines Seminars zur sicherheitspolitischen Geografie Europas, für das ich im Sommersemester 2017 einen Lehrauftrag an der Berliner Humboldt-Universität hatte. Bei der Beschreibung der drei Europäisierungswege war eine detaillierte Übersicht zum Stand der jeweiligen Projekte sehr hilfreich, die von der Politikwissenschaftlerin Lena Strauß für die Friedrich-Ebert-Stiftung erstellt wurde. Eigene Aufsätze habe ich weiterverarbeitet im Unterkapitel zu Afghanistan, im Strategiediskussionsteil, in den Betrachtungen über den Mythos der Operateure, in Sachen Rüstungskonsolidierung und in den abschließenden Gedanken zur Wehrhaftigkeit der Demokratie.

Durch das ganze Buch ziehen sich Hinweise auf eine etwas andere Art von Literatur: Romane und Autobiografien, die uns oft anschaulicher als manche im akademischen Jargon verfassten Fachbücher ein Verständnis von Geschichte, Konfliktlagen und politischen Problemen vermitteln. Man sollte einiges davon kennen: von Isaak Babel, von Manès Sperber und Erich Maria Remarque oder vom Literaturnobelpreisträger Winston Churchill.

Die Zukunft ist offen. Weder Sozialwissenschaften noch Geheimdienste können für sich beanspruchen, gültig vorauszusagen, was wird. Die Prognose im Nachhinein, wenn aus dem Morgen ein Gestern geworden ist, fällt gewiss leichter. In meinem sozialwissenschaftlichen Studium habe ich gelernt, diese Art der nachträglichen Vorhersage Epignose zu nennen. Auch sie ist wichtig, man braucht sie, um aus der Geschichte zu lernen.

Einer der amerikanischen Verfassungsväter, James Madison, hat einmal gesagt, die Pathologien der Freiheit könnten so gefährlich sein wie die Pathologien der Tyrannei, nur seien sie viel schwerer zu erkennen und zu heilen. Gefährlich wäre es, wenn wir unsere freiheitliche Ordnung für zu selbstverständlich halten und unsere Wachsamkeit und Wehrhaftigkeit im Inneren wie nach außen einschläft. Damit das nicht passiert, müssen wir darüber reden, warum und wie wir unsere Freiheit verteidigen wollen. Dieses Buch soll einen Beitrag dazu leisten.

1 Wachsende Bedrohungen für Frieden und Freiheit

Alle reden vom Wetter

Es wird heißer. Auf dem Planeten könnte es eng werden. Lange schon kennen wir mehr oder weniger menschenfreundliche Warn- und Untergangsszenarios – von der malthusischen Überbevölkerungstheorie über den Volk-ohne-Raum-Wahn der Nazis bis zum epochemachenden Bericht des Club of Rome zur Lage der Menschheit 1972: *Die Grenzen des Wachstums*. Mehr als eine Erde gibt es nicht. Was hält sie aus? Sind die begründeten oder unbegründeten Überlebensängste im 21. Jahrhundert instrumentalisierbar für eine neue Welle autoritärer Herrschaft, für Diktatoren, für neue Formen eines heilsversprechenden Totalitarismus? Gibt es Krieg? Wie gehen freiheitliche Gesellschaften mit diesen Gefahren um?

39,3 Grad Celsius zeigte das Thermometer am 30. Juni 2019 in Bad Kreuznach. Das ist der höchste jemals in Deutschland gemessene Juni-Wert im wärmsten Juni aller Zeiten. Manche Kommunalbehörden riefen zum Wassersparen auf. Die Waldbrandsaison begann früher als gewohnt. Und in einigen Landesparlamenten wurden die Kleidungsvorschriften gelockert.

Zur gleichen Zeit schlossen in Frankreich viele Schulen, und die Abschlussprüfungen der Mittelstufe wurden verlegt. In Gallargues-le-Montueux im Départment Gard zeigte das Thermometer 45,9 Grad, gemessen am 28. Juni 2019: neuer französischer Rekord. Die Millionenmetropole Paris verzeichnete einige Wochen später sensationelle 42,6 Grad, gemessen an einer Wetterstation im Park Montsouris am 25. Juli 2019, zwei Grad mehr als am bis dahin heißesten Pariser Sommertag 1947. Und der Hitzerekord für Deutschland fiel am selben Tag: 42,6 Grad in Lingen im Emsland (Niedersachsen), zum ersten Mal seit Beginn der Wetteraufzeichnungen 1881 mehr als 42 Grad.

Schon 2018 war ein Hitzejahr. Den weltweiten Rekord hält 2016. Die letzten zwei Jahrzehnte waren die wärmsten, seit man Temperaturen misst, und zwar mit steigender Tendenz. Gegen diesen menschengemachten Klimawandel schließen die Staaten der Welt Übereinkünfte (Kyoto 1997, Paris 2015), um den Temperaturanstieg innerhalb der nächsten Jahrzehnte zu stoppen und der Zunahme von Extremwetter und Überschwemmungen entgegenzuwirken. Europaweit demonstrieren inzwischen Hunderttausende junge Leute gegen diesen Zeitplan, gern während der Schulzeit, als kleines Symbol des zivilen Ungehorsams, *Fridays for future*. Geht es nach ihnen, muss es schneller gehen mit dem Ausstieg aus der fossilen Energiewirtschaft: Schluss mit Kohlekraftwerken und Verbrennungsmotoren! In Europa wie in Amerika! Schluss damit natürlich auch da, wo noch kaum jemand demonstriert: in Indien, China, Afrika! Wird das eine weltweite Bewegung? Wird das Thema, wird der Protest Auswirkungen haben auf die innerstaatlichen Machtverhältnisse? In Deutschland scheint es schon so zu sein. Bei der Europawahl im Mai 2019 wurden die Grünen, vor 40 Jahren als Partei der Friedens- und Ökologiebewegung gegründet, zur zweitstärksten politischen Kraft des Landes. Anderswo sieht man das so noch nicht, aber das Krisenbewusstsein scheint doch überall zu wachsen.

Der Klimawandel hat Folgen: für unsere Art des Wirtschaftens und die Regulierung der globalen Marktkräfte, für die politischen Systeme, je nachdem als wie problemlösungsfähig sie auftreten, und für den Weltfrieden – denn die Verteilungskämpfe haben schon begonnen. Ein Drittel der Weltbevölkerung lebt bereits jetzt in Gegenden mit Süßwasserknappheit. Und das aktuelle politische Thema Krisen- und Wohlstandsmigration dürfte in Zeiten von *social media* nur ein Vorbote dieser Kämpfe sein. Hinzu kommt das überregionale Destabilisierungspotenzial von *failed states*, die übrigens meist in den heißeren Klimazonen zu finden sind. „Die Stabilität ganzer Weltregionen steht auf dem Spiel", schreibt der deutsche Außenminister Heiko Maas in einem Namensbeitrag gemeinsam mit führenden Klimaforschern.

Der Gründungsdirektor des renommierten Potsdam-Instituts für Klimaforschung, Hans Joachim Schellnhuber, trug zu diesen Themen schon bei einer informellen Strategiediskussion im deutschen Verteidigungsministerium vor. Im Interview mit einer Zeitschrift der Bundeswehruniversität München, *Metis*, im Mai 2019 warnt Schellnhuber vor den Folgen einer rasanten Erderwärmung: Wir seien momentan „auf dem Weg zu 3 bis 5 Grad bis zum Ende unseres Jahrhunderts, und danach hört der Anstieg nicht auf". Würde man über Nacht alle Treibhausgasemissionen stoppen, käme aufgrund der verzögerten Reaktion des Gesamtsystems zum bisherigen Temperaturanstieg „noch ein knappes halbes Grad hinzu. Wir wären dann schon bei fast 1,5 Grad. Das wäre der *best case* eines noch erträglichen Fiebers".

Schellnhubers Fieber-Metapher beschreibt ganz plastisch, dass es beim Temperaturwachstum nicht um Wachstumsfragen wie in der Wirtschaft geht: Zwischen 36,5 und 37 Grad liegt die Temperatur, wenn der Mensch gesund ist. „Erhöhe ich jetzt aber Ihre Körpertemperatur um 1 Grad, dann würden Sie sich schon ein bisschen unwohl fühlen. Bei plus 2 Grad hätten Sie Fieber, ab 39,5 Grad wird es ganz und gar unangenehm. Bei 5 Grad plus: Exitus."

Auf die globale Klimakrise bezogen bedeutet das: Abschmelzen des Antarktis- und Grönlandeises, Veränderung von Jetstream und Golfstrom, Unbewohnbarkeit von Küstenregionen, Dürre und Missernten. „Milliarden Menschen müssten weltweit umsiedeln. Nicht heute und nicht morgen, aber mit jedem Jahrzehnt mehr." Schellnhuber erwartet, dass in einer Welt mit vier oder mehr Grad Erwärmung, „die Klimafolgen so drastisch würden, dass sie zu einem Haupttreiber von Konflikten werden könnten."

In einem Feuilleton-Aufmacher der *Frankfurter Allgemeinen Zeitung* unter dem Titel „Gletscherdämmerung" heißt es im Sommer 2019: „Während die Alpengletscher verloren sind, können die Eisschilde Grönlands und der Antarktis noch gerettet werden." Was Grönland jährlich an Eis verliere, entspreche der sechsfachen Wassermenge des Bodensees. „Verschwände der grönländische Eispanzer komplett, der Meeresspiegel stiege um sieben Meter. Sieben Meter, das bedeutet, New York würde verschwinden und asiatische Megametropolen wie Tokio oder Schanghai unter Wasser begraben. London fiele den Fluten zum Opfer, Buenos Aires ebenso, und große Teile Afrikas wären unbewohnbar." Man könnte ergänzen: Berlin und München blieben in diesem Szenario trocken, aber Hamburg wäre ziemlich weg, auch Dithmarschen und Nordfriesland. Der Autor Tom Hillebrand hat in seinem dystopischen Roman *Drohnenland*, erschienen 2014, einmal solch eine Hochwasserumwelt für Hamburg entworfen, lesenswert! Für Amerika beschreibt Kim Stanley Robinson in *New York 2140*, was wäre, wenn der Meeresspiegel steigt.

Und die Küste ist bei Weitem nicht das Einzige, was verschwindet. Die FAZ-Autorin Melanie Mühl schreibt: „Wohin man blickt: Verluste. Korallen sterben, Vogelarten verschwinden, Insekten rafft es massenweise dahin, viele Hai- und Rochen-Arten im Mittelmeer sind bedroht, und um Tausende Baumarten steht es katastrophal."

Sind nun also Klimawandel und neue Klimapolitik eine Abteilung der traditionellen harten Disziplin Sicherheitspolitik geworden? Ich glaube ja. Nur weil wir noch nicht genau wissen, wie sich die kommenden globalen Veränderungen weiter auswirken werden, sollten wir deren Konfliktpotenzial nicht unterschätzen. Afrikas Bevölkerung könnte von heute 1,2 Milliarden bis zum Ende des Jahrhunderts auf vier Milliarden anwachsen, und die Wüsten wachsen mit. Amerikas ehemaliger Außenminister John Kerry sagte der *Rheinischen Post* am Rande der Münchener Sicherheitskonferenz 2019: „Für mich ist die wichtigste sicherheitspolitische Herausforderung, auf dem Feld des Klimawandels unsere Aktivitäten zu beschleunigen."

Der ehemalige Nato-Oberbefehlshaber Admiral James Stavridis stellte vor einigen Jahren fest: „Wir leben in einer Zeit strategischer Überraschungen." Das beschreibt die Lage gut. Uns hat ja das plötzliche Ende der Blockkonfrontation 1989/90 tatsächlich überrascht, ebenso wie in den 1990er Jahren die Balkankriege, der 11. September 2001, der Arabische Frühling 2011, die quasi aus dem Nichts den halben Irak überrennende Terrormiliz „Islamischer Staat" und im selben Jahr, 2014, die militärische Annexion der Krim durch Russland und der Übergang zur hybriden Aggression gegen den Westen. Wird eine neue Heißzeit der Liste dieser strategischen Überraschungen weitere historische Ereignisse hinzufügen? Oder gelingt eine globale Steuerung der Krise?

Als Harold Macmillan im Dezember 1952 mit dem Phänomen einer tagelangen katastrophalen Smog-Belastung Londons (*The great smog*) konfrontiert war, reagierte der zuständige Minister und spätere Premier zunächst abwehrend. Solcher Nebel komme in der Hauptstadt immer wieder mal vor, man nenne es Wetter. Aber dieses menschengemachte Wetter blieb hartnäckig. Auf parlamentarischen Druck kam es zu radikalen Maßnahmen, dem *Clean Air Act*. Das war das Ende der Hausfeuerung in London. Was zeigt, dass es geht.

Geheimnisvoller Cyberraum

Um auf der Liste der relevanten Bedrohungen vom Unkonventionellen (Klima) zum Klassischen (Atomkrieg) nun etwas konventioneller zu werden, wenden wir uns dem weiträumig als Sicherheitspolitik-Thema akzeptierten Feld der Gefahren aus dem Cyberraum zu. Die Hauptgefahr ist allerdings nicht das Ausspähen von Staatsgeheimnissen, die zuhause auf Festplatten oder irgendwo da draußen in der *cloud* für alle Zeit gespeichert sind. Schon vor dem Ersten Weltkrieg 1914 waren die Papierkörbe unter den Schreibtischen der Militärattachés in den konkurrierenden Hauptstädten ergiebige Quellen der Gegneraufklärung. Spionage und Geheimnisverrat mögen ihren physischen Aggregatzustand ändern, von fest zu flüssig: Aber was tut man, wenn man vorher erfährt, was passieren wird? Was kann man wirklich wissen, was glauben? Stalin war gewarnt vor dem Überfall seines Verbündeten Hitler auf die Sowjetunion am 22. Juni 1941. Er tat – nichts. Die USA dürften im Winter 2013/14 sämtliche elektronische Kommunikation im Irak erfasst, gespeichert und ausgewertet haben. Die Offensive des IS aber sahen sie nicht kommen, und sie hatten ihr nichts entgegenzusetzen.

Man sollte also aus beiden Perspektiven, aus der des elektronischen Aufklärers wie aus der des Ausgespähten, die enorme Leistungssteigerung des technischen Apparats heute auch nicht überschätzen, jedenfalls wenn es um zwischenstaatliche Machtverhältnisse geht.

Wesentlich gefährlicher ist der gleiche Techniktrend zur selbst verschuldeten Angreifbarmachung unserer lebensnotwendigen Infrastruktur: Strom, Wasser (und Abwasser!), Telefon und Internet, Navigation, Verkehr, Krankenhäuser, Produktion, Verteidigung. Alles, auch das, was analog schon gut funktioniert, wird heute digitalisiert. Alles, was digitalisiert ist, muss miteinander vernetzt werden. „Internet der Dinge" lautet eine Chiffre für die Verheißung dieser Variante des technischen Fortschritts. Die politische Mainstream-Community, die gerade gelernt hat, Digitalisierung und Irgendwas-vier-null (was war noch gleich „3.0"?) für den letzten Schrei zu halten, läuft hier fröhlich mit. In den Veröffentlichungen mancher Silicon-Valley-Gurus wie Eric Schmidt, Yared Cohen und Sergej Brin erscheint die körperlose Zukunft unserer Netzexistenz wie eine Befreiung, eine neue Religion, eine neue Ideologie. Anderen verursacht der totale Erfassungsanspruch der tonangebenden Tech-Freaks Albträume.

Im aktuellen Weißbuch der Bundesregierung von 2016 zur Sicherheitspolitik und zur Zukunft der Bundeswehr kommen zwar, einem seltsamen antimilitärischen Zeitgeist folgend, die Begriffe Heer, Luftwaffe und Marine nicht mehr vor, dafür aber gefühlte 60 Mal der neue zentrale Begriff Resilienz. Unsere deutsche Gesellschaft, unser Land, Europa, der Westen insgesamt muss es überstehen, wenn seine kritische Infrastruktur angegriffen und außer Gefecht gesetzt werden sollte! Wie resilient mögen wir also gegenwärtig sein? Weiß man es erst, wenn der Ernstfall eintritt?

Ich bekomme im verteidigungspolitischen Tagesgeschäft selten Buchtipps von Beamten, mit denen ich zu tun habe. Eine Ausnahme aber gibt es, empfohlen von führenden Katastrophenschützern der Länder, empfohlen vom Präsidenten des Bundesamtes für Bevölkerungsschutz und Katastrophenhilfe. Das ist Marc Elsbergs Superbestseller *Blackout*, 2012 erschienen. Wenn Sie das lesen, wissen Sie, womit wir uns beschäftigen, sagen die Katastrophenschützer.

Elsberg lässt in seinem Roman böse Menschen an *smart meters*, vernetzten Ablesegeräten, in Italien Manipulationen vornehmen. Das Netz bricht zusammen, der Strom fällt aus, nach und nach in ganz Europa. Sehr unterhaltsam zu lernen ist dabei auf 787 Seiten (Taschenbuchausgabe), was alles nicht mehr funktioniert, wenn die Elektrizität versiegt und das eine ohne das andere nicht mehr in Gang zu bekommen ist. Schnell nähert sich die Gesellschaft dem Mittelalter, auch und gerade im Sozialverhalten. Am Ende geht es gut aus. Ein cooler, zerquälter, Schimanskyhafter Nerd repariert das System.

Solche Angriffe auf die Infrastruktur von Staaten hat es wohl sogar in der Realität schon gegeben. Estland war 2007 betroffen, andere möglicherweise auch. Aber Nachweise sind naturgemäß schwer zu führen.

Für die Verbesserung der Sicherheit gibt es prinzipiell zwei Wege: erstens, investieren in bessere, sicherere, verschlüsselte, abgeschirmte Vernetzungstechnik. Diesen Weg empfehlen die meisten Fachleute, die deshalb Fachleute sind, weil sie gerade für die Unternehmen und Institute arbeiten, die diese Sicherheitstechnik entwickeln und verkaufen. Im Wettlauf von Angreifern und Verteidigern stets die Nase vorn zu haben, ist nicht billig und niemals absolut sicher. Aber das ist die übliche Methode.

Die zweite Methode wäre wahrscheinlich sicherer und billiger, würde aber einen Paradigmenwechsel bedeuten, das Umsteigen auf einen anderen Pfad der Technikentwicklung. In unserer sozialdemokratischen Fraktionsarbeitsgruppe Sicherheits- und Verteidigungspolitik im Bundestag hatten wir einmal einen der jüngeren Uni-Experten zu diesem Thema eingeladen. Seine abschließende Antwort auf die Frage, was man in Sachen Cybersicherheit, zumal beim Militär, tun könne, habe ich mir leicht merken können, es war ein Wort: „Entnetzen!"

Seit Längerem wird nun auch über Cyberoperationen im Bereich des Militärischen diskutiert. Was kann, was soll, was darf die Bundeswehr? Nur Angriffe aufspüren und abwehren oder auch offensiv werden? Darf sie in auswärtige Netze eindringen, sich umschauen und Schaden anrichten? Das erfordert Klärung. Bisher sind die einschlägigen Kapazitäten des neuen militärischen Organisationsbereichs Cyber- und Informationsraum noch bescheiden, aber das Know-how in Deutschland ist so schlecht nicht, und es wächst schnell.

Denkbar für militärische Szenarien wären etwa Operationen gegen die Luftabwehr eines Staates, der den Zugang zum Operationsgebiet einer internationalen Friedensmission blockiert. Dessen Radar, Feuerleitanlagen und Raketenstartgeräte gezielt etwa für drei Stunden aus der Ferne abzuschalten, um währenddessen ins benachbarte Krisenland einzufliegen, könnte ein unblutiger Einsatz von Cyberpower sein. Vermutlich müsste der Bundestag so einen Einsatz nachträglich per Beschluss billigen. Aber möglich wäre das. Und ich könnte mir vorstellen, dass unsere uniformierten Spezialisten im Rheinland so etwas üben, zum Beispiel durch simulierte Attacken auf unsere eigene Luftverteidigung, womit diese wiederum besser an ihren Schwachstellen arbeiten kann.

Kampf gegen al-Qaida, Taliban und andere Dschihadisten

90.000 Bundeswehrsoldaten haben zwischen 2001 und 2018 in Afghanistan Dienst getan, viele von ihnen mehr als einmal. Eine Langzeitstudie über die Soldatinnen und Soldaten des deutschen 22. ISAF-Kontingents, die von März bis Oktober 2010 am Hindukusch im Einsatz waren, ergab, dass ein Viertel der Befragten meint, ihre Mission sei letztlich nutzlos gewesen. Sie habe zu keinen grundlegenden Verbesserungen beigetragen. Allerdings glaubt die große Mehrheit (85 Prozent), dass die Gewalt in Afghanistan wieder eskalieren würde, wenn die internationalen Truppen das Land verließen.

Inzwischen ist im Weißen Haus nach Bush dem Jüngeren und Barack Obama nun mit Donald Trump der dritte US-Präsident im Amt, der amerikanische und verbündete Interventionstruppen in Zentralasien führt. Eines der wichtigsten Wahlziele des Kandidaten Obama lautete 2008, die beiden Kriege der USA in Afghanistan und im Irak vernünftig zu Ende zu bringen. Der legendäre Watergate-Journalist Bob Woodward hat die Verhandlungen im ersten Jahr der neuen Obama-Administration über die Operationalisierung dieses Ziels von *Exit* und *Disengagement* protokollartig nachgezeichnet. Bemerkenswert ist, dass auf den 400 Seiten seines Buchs *Obamas Kriege* über das inneramerikanische strategische Hin und Her nur sehr am Rande die US-Bündnispartner und die Nato vorkommen. Angesichts der extrem unterschiedlichen Dimensionen des militärischen Engagements scheint das allerdings nicht wirklich unrealistisch zu sein. Die USA hatten zeitweise mehr als 100.000 Soldaten in Afghanistan im Einsatz, Deutschland 5.000. Und die amerikanischen Steuerzahler dürfte der *war on terror* am anderen Ende der Welt nach den grundstürzenden dschihadistischen Anschlägen vom 11. September 2001 mehr als eine Billion US-Dollar gekostet haben.

Aber wie erfolgreich war, wie wegweisend ist die militärische Intervention in den Rückzugsräumen der Dschihadisten, in den Krisengebieten der islamischen Welt? Kann „Afghanistan" ein Muster sein für erfolgreiches Eingreifen? Ein Blick auf die aktuelle Konfliktlandkarte zeigt: Afghanistan geht es nicht wirklich gut, dem Irak auch nicht. Es gibt Fortschritte im Schul- und Gesundheitswesen und beim Aufbau nationaler Sicherheitskräfte, aber Hilfe von außen bleibt existenziell nötig. Neue Brandherde sind hinzugekommen: Syrien, Libyen, Mali, Jemen. Millionen fliehen aus ihren zusammenbrechenden Heimatländern. Dschihadistischer Terror bedroht mittelbar den Westen mit einem schwer kalkulierbaren Anschlagsrisiko, und er bedroht unmittelbar viele Staaten im arabisch-islamischen Raum mit Destabilisierung, Aufstand und Bürgerkrieg.

Dieses beunruhigende Lagebild bedeutet nicht, dass alles politische, diplomatische und militärische Tun vergebens ist, weil die Welt irgendeiner fatalen Automatik zum Aus-den-Fugen-Gehen folgt. Allerdings könnte ein Blick zurück sich lohnen auf die Bedingungen für Erfolg oder Misserfolg von Interventionen, mit denen wir gerade Erfahrungen gesammelt haben, national und international. ISAF, die *International Security Assistance Force* in Afghanistan, ist im Dezember 2014 zu Ende gegangen und wurde abgelöst von einer deutlich kleineren Nato-Trainingsmission, *Resolute Support*, die nun erst auslaufen soll, wenn es irgendwann zu einer afghanischen Friedenslösung kommt.

Zu ISAF liegt bis heute kein umfassender Evaluationsbericht der Nato oder eines einzelnen großen Bündnispartners vor, auch aus Deutschland nicht. Was es gibt, ist ein Bericht über Norwegens nationalen Beitrag zu diesem internationalen Einsatz, außerdem eine bisher unveröffentlichte interne „Nachbetrachtung" der Bundeswehr. Im Bundestag hat der Auswärtige Ausschuss zwei Anhörungen durchgeführt, von denen es Protokolle gibt. Zudem existieren einige sehr gute wissenschaftliche Monografien und Sammelbände, unter anderem herausgegeben vom ehemaligen Befehlshaber des deutschen Einsatzführungskommandos Rainer Glatz (mit Rolf Tophoven) und von einem Politologen-Team um Joachim Krause (mit Robin Schroeder und Stefan Hansen). Aber wer wertet das alles aus? Was lernen wir für künftige zivil-militärische Bündnisinterventionen in Konfliktgebieten?

Auf einem Workshop mit hochrangigen deutschen Experten aus allen Bereichen kam es kurz vor der parlamentarischen Sommerpause 2016 in Berlin einmal tatsächlich dazu, dass auf eine besonnene, aber entschiedene Weise Klartext geredet wurde – *unter drei*, also nicht zum namentlichen Zitieren. Bundeswehrverband, Reservisten-Verband, das Aspen-Institut und ich als Wehrbeauftragter hatten eingeladen. Es ging um drei Themenbereiche: erstens Bundeswehrerfahrungen, zweitens der nationale „vernetzte Ansatz" und drittens der internationale *comprehensive approach*.

Zu den wichtigsten Aspekten der Bundeswehrdiskussion – hier in Stichworten – gehört zunächst die Klärung von populären Fehlwahrnehmungen. Die Bundeswehr führt keine nationale Operation durch, es geht immer um Einordnung ins und Einfluss im Bündnis. Am Anfang eines militärischen Engagements sind Stärke und Tempo entscheidend, auf Dauer Geduld und ein langer Atem. Mandatsobergrenzen sollten nicht zu früh ohne Kenntnis der Partnerbeiträge festgelegt werden, und sie sollten flexibel genug sein, um auch auf extreme Lageänderungen reagieren zu können. Der bestmögliche militärische Ratschlag an die Politik verträgt im Übrigen keinen vorauseilenden Gehorsam. So haben André Wüstner, der Vorsitzende des Bundeswehrverbandes, Klaus Wittmann vom Aspen-Institut und ich die Ergebnisse des Workshops in einem Artikel für die Zeitschrift *Die Bundeswehr* festgehalten.

Gerade in asymmetrischen Szenarien – das wurde gelernt – sind Luftbeweglichkeit (Hubschrauber) und Präsenz in der Fläche, Nachrichtengewinnung und modernste Aufklärungsmittel überlebenswichtig. Informationen müssen gebündelt und mit den Partnern geteilt werden. Sonst reist man „mit dem U-Boot durch Afghanistan", wie der US-General Stanley McChrystal als ISAF-Befehlshaber (COMISAF) es einmal formulierte. Allerdings: Die ISAF-Mission folgte in verschiedenen Phasen ihrer 13 Jahre nebeneinander und parallel unterschiedlichsten Zielen und Rationalitäten – was ganz bestimmt nicht unproblematisch war.

Mangelnde Auftrags- und Zielklarheit waren auch ein Problem für den sogenannten „vernetzten Ansatz", also für das nationale Zusammenwirken von zivilen deutschen Kräften aus den Bereichen der Bundesministerien für Entwicklungszusammenarbeit und für Inneres sowie aus dem Auswärtigen Amt mit der Bundeswehr. Das zivile Personal blieb immer knapp, von AA-Beamten bis zu Polizeiausbildern, und die zivilen Mittel standen lange in einem bemerkenswerten Missverhältnis zum militärischen Aufwand. Manche staatlichen Organisationen, aber insbesondere viele NGOs und erst recht die Organisationen der humanitären Hilfe, die existenziell auf ihre absolute Neutralität angewiesen waren, fürchteten eine Vereinnahmung durch das Militär.

Bei der ressortübergreifenden Zusammenarbeit, etwa in den *Provincial Reconstruction Teams* (PRT), wären regelmäßige gemeinsame Einsatzvorbereitung, gemeinsame Doktrin-Dokumente und gegebenenfalls ein gemeinsamer Planungsstab wünschenswert gewesen. Auch das technische Miteinander-reden-Können, das heißt Gemeinschaftsfunk, blieb der individuellen Stückwerkimprovisation vorbehalten. Schließlich die Gretchenfrage: Wer führt? Und was bedeutet in diesem Chaos-Szenario eigentlich führen?

Zuhause in Deutschland ist im Übrigen der zivile Anteil des zivilmilitärischen deutschen Engagements unterproportional zu seiner Bedeutung für Erfolg oder Misserfolg der gesamten Mission wahrgenommen worden. Das lag auch am faktischen Bundeswehrmonopol für das Ins-Land-Kommen und die Betreuung von Medienvertretern. Vor Ort gab es fast keine auf Dauer aktiven Korrespondenten deutscher Medien.

Für die Erfahrungen mit dem internationalen *comprehensive approach*, dem ganzheitlichen Ansatz, gilt die gleiche Leitfrage: Welches Ziel, welche *grand strategy*, welcher Masterplan wurde da von Nato und internationaler Gemeinschaft gemeinsam und gleichzeitig verfolgt? Welche Rolle spielten interessierte Nachbarn wie Pakistan, China oder Iran? Welche Interessen hatten die unterschiedlichen innerafghanischen Akteure?

Einsatz und guter Wille waren enorm. Auf dem Höhepunkt des amerikanischen Engagements gaben die USA 100 Milliarden Dollar im Jahr allein für ihre militärische Präsenz aus, so viel wie das BIP kleinerer europäischer Volkswirtschaften. Es gab unter Nato-Kommando zeitweise 50 Truppen stellende Nationen. 80 Staaten waren beim zivilen Aufbau behilflich. Tausende Organisationen aus aller Welt leisteten vor Ort Beiträge für eine friedliche Entwicklung. Alle brachten Opfer. Tausende entsandte Soldaten, auch Entwicklungshelfer, Polizisten und Freiwillige ließen ihr Leben in Afghanistan, Zehntausende kehrten verwundet an Körper und Seele nach Hause zurück, auch Deutsche. Viel bitterer noch traf und trifft es die Afghanen selbst – bis heute.

Klar ist, dass ein so großer Einsatz künftig besser koordiniert und geführt werden muss. Ein holländischer Regionalbefehlshaber bringt die Frage auf den Punkt: „Wer war mein Boss? Der US-Botschafter in Kabul? Die afghanische Regierung? Der COMISAF? Der Nato-Befehlshaber in Brunssum? Der US-Befehlshaber des Zentralkommandos (CENTCOM) in Tampa? Die niederländische Regierung? Jemand von der UNO?"

Und noch etwas. In den Kategorien von Sieg oder Niederlage sind langfristige Stabilisierungsmissionen nicht zu fassen. Das auf dem Petersberg in Bonn verhandelte Afghanistan-Abkommen von 2001 war ja kein Friedensvertrag. Die andere Seite fehlte. Für die Taliban scheint es heute auszureichen, „nicht zu verlieren". Die internationale Gemeinschaft darf „nicht siegen" deshalb nicht als Scheitern interpretieren.

In der Bundeswehr-internen „Nachbetrachtung" der ISAF-Jahre sticht ein Satz besonders heraus: „Die Bundeswehr hat sich mit dem und durch den Einsatz in Afghanistan stark verändert." Zu den Lehren aus Afghanistan gehört ganz gewiss, dass Ausbildung, Personalstruktur und Ausrüstung auf der Höhe der Zeit sein müssen, qualitativ und quantitativ. Nicht irgendwann, sondern jetzt.

Kein Auslandseinsatz gleicht dem anderen. Aber aus jedem lässt sich lernen. Man muss es dann allerdings auch tun. Die unterbewusste Lernerfahrung des Westens aus den so quälenden Dauerinterventionen in Afghanistan und im Irak schien im Falle Libyens zu heißen: keine Bodentruppen! Und im Fall Syriens über mehrere Jahre: keine Intervention! Was dann auch keine Lösung war.

Als halbwegs erfolgreiches Muster für ein gelungenes Eingreifen der internationalen Gemeinschaft mögen die Balkan-Missionen in den später 1990er- und dann in der 2000er-Jahren gelten. Nach dem Desaster mit untätigen UN-Blauhelmen – dem Massaker von Srebrenica – ging man notgedrungen zu einer robusteren Mandatierung von Militär- und internationaler Zivilgewalt über. Stärker als dort sind die Vereinten Nationen seither nicht mehr aufgetreten. Der offizielle UN-Streitschlichter für Bosnien-Herzegowina hatte wirkliche politische Eingriffsrechte. Seit 1995 bekleidete der ehemalige deutsche Postminister Christian Schwarz-Schilling dieses Amt. Und als der ehemalige Bremer Bürgermeister Hans Koschnick nach Mostar ging, war seine Aufgabe nicht, den dortigen Bürgermeister zu beraten, sondern er wurde für eine entscheidende Übergangszeit selbst Bürgermeister von Mostar.

Aber der Balkan ist kein leicht übertragbares Muster, sondern schon deshalb ein einzigartiger Fall, weil hier Geschichte, Religion und Geografie untrennbar mit Europa verbunden sind. Es gibt für alle Kriegs- und Bürgerkriegsparteien am Ende die gleiche lohnende Perspektive: die Mitgliedschaft in der Europäischen Union. Slowenien und Kroatien gehören schon dazu. Die anderen werden folgen, wenn sie ihre Konflikte endgültig friedlich beigelegt haben. Was allerdings bis heute kein Selbstläufer ist.

Vor einigen Jahren besuchte ich mit einer Delegation aus Berlin im Rahmen einer Nahost-Reise den jordanischen König Abdullah II. in seinem Palast in Amman. Er trat in Uniform auf, was wohl signalisieren sollte: Unsere Region steht in Flammen, und wir sind bereit, uns zu verteidigen. Im Gespräch brachte er das ganze Tohuwabohu dieser Konfliktregion zwischen Saudi-Arabien und dem Iran, Israel und den Palästinensern, der Türkei, Russland und Amerika, Hamas, Fatah und IS, al-Qaida, Hisbollah, Revolutionsgarden und Huthi auf einen einzigen ordnenden Satz: Wir erleben einen innerislamischen Bürgerkrieg zwischen Schiiten und Sunniten.

So ähnlich sieht es auch der deutsche Politikwissenschaftler Herfried Münkler, der in seinem Buch über den verheerenden Dreißigjährigen Krieg 1618 bis 1648 Parallelen zur Lage im Nahen und Mittleren Osten von heute zieht: das Religiöse im Vordergrund, dahinter die vielen interessierten Mächte, die Proxis, die andere blutig ihre Stellvertreterkriege führen lassen. Und immer die Frage: Wer bezahlt eigentlich die *Warlords*, die Wallensteins, Tillys und Mansfelds mit ihren Söldnerheeren?

In dem Buch *Kalifat des Schreckens* von Guido Steinberg ist ein Auszug aus einem Brief abgedruckt, der, wenn er denn authentisch ist, doch einiges erhellt in den düsteren Höhlen der unterschiedlichen sunnitischen Dschihadisten-Fraktionen in diesem innerislamischen Bürgerkrieg. Es schreibt 2005 Osama bin Ladens Stellvertreter Zawahiri an den Führer der irakischen al-Qaida-Filiale (aus der 2013 der Islamische Staat hervorgehen soll), Zarqawi, wegen dessen Ausrufung des „totalen Kriegs" gegen die Schiiten. Ganz vorsichtig, quasi sokratisch, formuliert die internationale Zentrale ihre Kritik an der unbotmäßigen Landesorganisation in Form von Fragen. Zawahiri: „Es wird [...] in Kreisen der Glaubenskrieger [Mudschaheddin] und unter ihren Meinungsführern die Frage gestellt, ob dieser Konflikt mit den Schiiten zu dieser Zeit richtig ist. Ist er unvermeidlich, oder war es möglich, ihn aufzuschieben, bis die dschihadistische Bewegung im Irak stärker geworden ist? Und ob einige Operationen notwendig waren, um sich selbst zu verteidigen, und ob alle Operationen notwendig waren? [...] Wenn aber der Angriff auf einige schiitische Führer notwendig ist, um ihre Planungen aufzuhalten, warum dann der Angriff auf die gemeine schiitische Bevölkerung? Führt dies nicht dazu, die falschen Glaubensinhalte in ihrem Denken zu bestätigen, während es uns tatsächlich obliegt, sie anzusprechen und zum Glauben aufzurufen, den Islam zu erläutern und sie auf den rechten Pfad zu führen? Und werden die Mudschaheddin alle Schiiten im Irak töten können?"

Dem einen geht es vorrangig um die eigene reine Lehre (IS), dem anderen um das Abschütteln von Fremdherrschaft und westlicher Kultur (al-Qaida). Das wären heute Amerika, Israel, Europa, der Kapitalismus, Popmusik und Hollywood-Filme.

Aber Islamismus als politische Herrschaftsideologie ist nicht so neu, wie es manchem scheint. Vom jungen Autor und Offizier Winston Churchill gibt es ein lesenswertes Buch über den *Kreuzzug gegen das Reich des Mahdi* (englisch: *The River War*), erschienen 1899, das von der Rückeroberung des Sudan durch britische Truppen am Ende des vorvergangenen Jahrhunderts erzählt. Der islamistische Milizenführer Mohammed Ahmed der sagenhafte Mahdi, hatte den Briten die Herrschaft über dieses Land an der Peripherie ihres Empire in einem Heiligen Krieg entrissen. Und es dauerte mehr als ein Jahrzehnt, bis die *Derwische*, so nannte man damals die Glaubenskrieger, am Blauen und am Weißen Nil zurückgeschlagen waren. Ähnliche Kriegserfahrungen machten die Briten auch in Afghanistan (Churchills erstes Militärabenteuer: *The Story of the Malakand Field Force*). Aus russischer Perspektive erzählt Tolstoi in fünf Geschichten über den unendlichen *Krieg im Kaukasus* gegen islamische Krieger, die hier *Tataren* genannt werden.

Russland und die nukleare Metaphysik

Auf einer stillen Lichtung im Wald halbhoch liegt die Anlage. Man hat von hier einen schönen Blick in die Weite. Die Sonne brütet. Heute ist der Weg von der Straße her ausgeschildert, sonst nicht, sonst kommt keiner. Aber heute begeht der Volksbund Deutsche Kriegsgräberfürsorge das zehnjährige Jubiläum der Errichtung dieser Kriegsgräberstätte nahe der Ortschaft Apscheronsk für die 130.000 Gefallenen der Heeresgruppe A im Kaukasus 1942/43. Ja, da waren „wir" mal, damals, als der Wahnsinn herrschte. Von bisher 17.000 Soldaten sind die Gebeine aus anderen Grablegen hierher umgebettet worden. Ihre Namen stehen auf schlichten Stelen. Viele weitere sollen noch folgen. Der Volksbund gräbt. Aber manch anderen wird man wohl nicht mehr finden, so wie vielleicht meinen ältesten Onkel

Heinrich, gefallen mit 21 oder 22 an der deutschen Kaukasus-Front. Ich kenne ihn natürlich nicht, habe nur in der Familie von ihm gehört. Lange wurde nicht mehr von ihm gesprochen, aber heute. Er liegt irgendwo da draußen.

Jeder Gedenkredner im Sommer 2018, das ist jetzt 75 Jahre später, kämpft hier, so sehr er sich zusammenreißt, mit den Tränen: der Präsident des Volksbundes, der ehemalige Generalinspekteur der Bundeswehr Wolfgang Schneiderhan, der evangelische Militärbischof Sigurd Rink, der deutsche Botschafter in Moskau Rüdiger Freiherr von Fritsch, ich auch. Und die mitgereisten Familienangehörigen: Schwestern, Brüder, Kinder, Enkel, die sowieso. Und das ist gut. Man kann im Angesicht der Horrorgeschichte dieses verbrecherischen Krieges nicht nicht weinen. Hier wohnt der Tod, hier war die Hölle. Wir legen Kränze nieder. Deutsche Gebirgsjäger nehmen Haltung an. Sie haben in den vergangenen Tagen gemeinsam mit russischen Kameraden in den bekannten Kampfräumen des Gebirges nach weiteren Gräbern gesucht. Gedenken verbindet. Der Trompeter spielt *Ich hatt' einen Kameraden*. Veteranen der Roten Armee salutieren. Auf der Anreise von Krasnodar haben wir zuvor Kränze am Ehrenmal für die 27 Millionen Toten des Großen Vaterländischen Krieges niedergelegt. Ein General aus Moskau begleitet uns als Ehreneskorte.

Warum erzähle ich das? Weil das unsere gemeinsame Geschichte ist, ein Teil der deutsch-russischen Geschichte und der deutsch-ukrainischen und deutsch-weißrussischen und deutsch-georgischen und deutsch-baltischen Geschichte – was ja damals alles zusammen die Sowjetunion war, nicht nur Russland.

Und wenn wir heute über Russland und den Osten reden, dann müssen wir diese Geschichte kennen, weil es eine ganz besonders heftige ist, vom Holocaust über das Aushungern von Städten und Ländern bis hin zu Zwangsarbeit, Zerstörung und Vernichtung. Zu den Menschheitsverbrechen des Nationalsozialismus kommen hier noch hinzu die Verbrechen des Kommunismus und Stalinismus. Relativierungen verbieten sich. Ohne das Bewusstsein dieser ganzen Geschichte ist heute Politik nicht zu verstehen, geschweige denn zu machen. Einen schonungslosen Überblick über das Ungeheuerliche der ersten Hälfte des 20. Jahrhunderts in den leidgeprüften Ländern, die zwischen Berlin und Moskau liegen, gibt der Historiker Timothy Snyder mit seinem 2010 erschienenen berühmten Buch, das auf Deutsch so heißt wie auf Englisch: *Bloodlands*.

Heute wird auch mit Geschichte wieder Politik gemacht. Als ich vor einigen Jahren bei einem Abendessen in der deutschen Botschaft in Kiew unsere Gäste aus dem ukrainischen Parlament bewusst etwas naiv fragte, wo eigentlich die Ursache für das schwierige Verhältnis zwischen Russland und der Ukraine liege, begann die Antwort mit einem tiefen Seufzen so: „Im Jahr 988 hat Wladimir der Große …"

Viele gehen wieder weit zurück, noch weiter als die jeweils anderen, statt gemeinsam an der Zukunft zu arbeiten. In den Dissidenten-Kreisen des kommunistischen Ostblocks gab es damals ein bitteres Bonmot, das lautete: „Die Zukunft steht fest, sie ist wissenschaftlich erforscht und folgt der historischen Notwendigkeit. Was sich ständig ändert, ist die Vergangenheit. Man schreibt sie immer wieder neu."

Der Ostblock, die Blockkonfrontation, der Kalte Krieg – all das ist inzwischen Vergangenheit. In seinem Essay *Was die Weltkrise den Westen lehrte. Abschied von einem Vierteljahrhundert der Hoffnung* schreibt 2016 der deutsche Historiker Heinrich-August Winkler: „2014 wird vermutlich als ein Jahr der weltpolitischen Zäsuren, vielleicht als ein Epochenjahr in die Geschichte eingehen. Die Krise um die Ukraine zwingt den Westen, Abschied zu nehmen von der Hoffnung des Epochenjahres 1989, die Ideen der Menschenrechte, des Rechtsstaats und der Demokratie würden sich über kurz oder lang, wenn auch nicht weltweit, so doch über das ganze Gebiet der damals existierenden Sowjetunion verbreiten." Diese Hoffnung hat getrogen, die Entwicklung hin zur freiheitlichen Demokratie, hin zu Kooperation und Partnerschaft mit Europa und dem Westen scheint abgebrochen, der Rollback läuft.

Winklers These vom Epochenjahr 2014 meint nicht nur Putin, sondern völlig unabhängig davon, aber gleichzeitig, auch den plötzlichen Eroberungszug des Islamischen Staates, der erstmals als dschihadistische Terrormiliz nicht nur durch Anschläge Angst und Schrecken verbreitete, sondern sehr schnell große Territorien kontrollierte und seinen totalitären Herrschaftsanspruch ganzheitlich zu verwirklichen suchte.

Wladimir Putins Motive für die überraschende Aggression gegen die territoriale Integrität der Ukraine 2014 mögen vielschichtig gewesen sein: Furcht vor dem Übergreifen der „Farben"-Revolution in Kiew auf Moskau, ökonomische Interessen, klassisches russisches Großmachtstreben, Geschichtsrevisionismus, Einschüchterung des Westens (oder von dessen osteuropäischer Peripherie). Putin eröffnet jedenfalls eine neue Runde im alten Spiel um Einflusssphären. Militärische Gewalt verschiebt Grenzen.

Das auch manchmal im Westen zu hörende Gerede von der demokratischen Qualität des Volkswillens der Krim-Bewohner kontrastiert übrigens sehr mit der Erfahrung, die etwa Polen oder die baltischen Staaten mit Militärgewalt und Volksabstimmungen nach dem Hitler-Stalin-Pakt haben. Die präzise Formulierung in dem deutsch-sowjetischen geheimen Zusatzprotokoll vom 23. August 1939 lautet: „Für den Fall einer territorial-politischen Umgestaltung der zum polnischen Staat gehörenden Gebiete werden die Interessensphären Deutschlands und der UdSSR ungefähr durch die Linie der Flüsse Narew, Weichsel und San abgegrenzt." Der nördliche Sektor des im September 1939 von der Roten Armee besetzten Ostteils Polens hatte einen Monat nach dem sowjetischen Einmarsch (der auf den Feldzug der Wehrmacht folgte) mit überwältigender Mehrheit „freiwillig" für den Anschluss an die Weißrussische Sozialistische Sowjetrepublik gestimmt, der südliche Teil für den Anschluss an die Ukrainische SSR. Weiß das noch jemand außerhalb Polens? Ähnlich freiwillig verlief die Annexion von Estland, Lettland und Litauen 1940.

Russland bricht Völkerrecht, so auch den Vertrag von Budapest, in dem es 1994 im Gegenzug für die Übergabe der in der Ukraine stationierten ehemals sowjetischen Atomwaffen an Russland die geltenden Grenzen der Ukraine garantiert. Preisfrage: Hätte Putin auch eine Ukraine *mit* Atomwaffen militärisch angegriffen und amputiert? Man könnte sogar fragen: Wäre Putin auch in eine Ukraine, die Nato-Mitglied ist, einmarschiert? Die Nato hat 2008 eine Mitgliedschaft der Ukraine diskutiert und blieb uneins über die Aufnahme, unter anderem Deutschland war dagegen.

Für die Nato sind die vermuteten Sicherheitsinteressen und Sensibilitäten Russlands – das flächenmäßig größte Land der Erde mit einer Wirtschaftskraft wie Spanien, einer Bevölkerungszahl (144 Millionen) ähnlich wie Japan (127 Millionen) und einem Atomarsenal wie die USA – immer ein Thema gewesen.

In der Nato-Russland-Grundakte einigten sich deshalb 1997 die Nato und Russland auf Bedingungen, unter denen es für das Nachfolgeimperium der Sowjetunion akzeptabel ist, wenn unabhängig gewordene ehemalige Sowjetrepubliken (wie die drei baltischen Staaten) oder ehemalige Mitglieder des Militärbündnisses Warschauer Pakt (Polen, Tschechien, Slowakei, Ungarn, Rumänien, Bulgarien) aus freier Entscheidung der Nato beitreten. Die Nato sichert zu, auf ehemaligem Warschauer-Pakt-Gebiet (einschließlich der ehemaligen DDR) *no substantial combat forces* anderer Nato-Staaten zu stationieren, also keine größeren Truppenverbände, so der Vertrag. Damit rückt die „alte" Nato eben nicht näher an die Grenze Russlands heran, wie die Putin-Propaganda jetzt permanent behauptet. Allerdings haben sich ziemlich alle ehemaligen Sowjetvasallen dafür entschieden, zur eigenen Sicherheit dem westlichen Bündnis beizutreten. Und Sicherheit bedeutet für jeden, der dort die Geschichte des 20. Jahrhunderts kennt: Sicherheit vor Russland, falls es wieder aggressiv werden sollte.

Der erste größere praktische Anwendungsfall einer expansiveren Machtpolitik Russlands mag übrigens 2008 der Krieg mit Georgien gewesen sein. Legendär sind die russischen Dementis 2014 zu den „kleinen grünen Männchen" auf der Krim – bewaffnetes Militärpersonal ohne erkennbare Hoheitsabzeichen, das binnen kürzester Frist alle strategisch wichtigen Punkte auf der Halbinsel besetzte und für Moskau sicherte. Oder die Scherze über die russischen Soldaten, die auf Urlaub in der Ostukraine Dienst an der Waffe taten. Der erste „Verteidigungsminister" der Donezker Separatisten-Republik, der russische Geheimdienstoberst Igor Strelkow, antwortete laut *Frankfurter Rundschau* auf die Frage, wer im Sommer 2014 die Offensive gegen die Hafenstadt Mariupol durchgeführt habe, ob das allein die russischen Urlauber gewesen seien, mit entwaffnendem Stolz: „Einige Einheiten der Aufständischen waren ihnen unterstellt. Aber im Wesentlichen haben die ‚Urlauber' angegriffen."

Für Moskau scheint der Umgang mit Sprache und Wahrheit heute ausschließlich eine Frage von Taktik und Nützlichkeit zu sein. Nach endlosen Verhandlungsrunden in Minsk und anderswo und unzähligen Telefonaten mit der russischen Spitze hatte man 2014 bei Bundeskanzlerin Angela Merkel und dem damaligen Außenminister Frank-Walter Steinmeier trotz der freundlich-diplomatischen Sprache ihrer öffentlichen Verlautbarungen durchaus manchmal das Gefühl, dass sie es irgendwie leid waren, angelogen zu werden. Und trotzdem muss Deutschland, müssen die deutsche und die französische Regierung mit Russland reden, Vereinbarungen treffen, die Russen beim Wort nehmen! Aber Vertrauen ist im Moment Mangelware.

Das größte Konfliktthema zwischen Russland und dem Westen dürfte derzeit der De-facto-Bruch und die Kündigung des INF-Vertrages über den beiderseitigen Verzicht auf nukleare Mittelstreckenwaffen sein. Atomflugkörper mittlerer Reichweite bedrohen wieder Europa, was die russische Regierung natürlich dementiert. In einem Aufsatz für die deutsche Strategiezeitschrift *Sirius* schreibt der amerikanische Politikwissenschaftler Matthew Kroenig von der Georgetown Universität in Washington: „Die russische Nukleardoktrin für regionale Kriege verlangt im Falle eines Konflikts mit einem Gegner wie der Nato den frühzeitigen Einsatz von Kernwaffen. Im Rahmen eines regionalen Kriegsszenarios für Europa könnte dies zu einer Strategie führen, mit der Russland – nach einem begrenzten und erfolgreichen konventionellen Angriffskrieg gegen Nachbarstaaten – westliche Regierungen mit der Drohung nuklearer Angriffe dazu zwingen will, um Frieden nachzusuchen oder eine weitere, potenzielle Katastrophe nuklearer Eskalation zu riskieren." Was täte dann die Nato? Würde allein schon die Nukleardrohung die Allianz spalten? Oder erst ein selektiver Demonstrationseinsatz einer nicht-strategischen Kernwaffe mit geringer Zerstörungskraft? Die Wissenschaft spricht hier von nuklearen Deeskalationsschlägen – Atomwaffeneinsatz, um vor weiterer Eskalation abzuschrecken. Es ist ein zynisches Kalkül.

Auch wenn es unangenehm sein mag, wieder über nukleare Metaphysik nachzudenken: Solange es diese Massenvernichtungswaffen gibt, sind sie ein potenzielles Mittel der Politik – und des Krieges. Eine Bedrohung und ein Risiko. Und Russland modernisiert sein Arsenal gegenwärtig in allen Wirkungsbereichen, nicht nur die 1550 strategischen Nuklearsprengköpfe und ihre Trägersysteme. Im Bereich taktischer Nuklearwaffen verfügt Moskau über Tausende von Sprengköpfen, einzusetzen als Freifallbomben oder gezielt mit Marschflugkörpern und Torpedos, als Wasserbomben und mit Luft-Boden-Flugkörpern. Kroenig erinnert daran, dass Präsident Putin und andere russische Amtsträger offen mit dem Einsatz von Kernwaffen gedroht haben, und „große russische Manöver endeten routinemäßig mit simulierten russischen Atomschlägen". Für den Westen sieht der Autor vier Möglichkeiten, mit dieser real existierenden Bedrohung umzugehen: „Kapitulation, rein konventionell, begrenzte nukleare Reaktionen und massive nukleare Vergeltung." Er argumentiert für die dritte Möglichkeit, die Androhung begrenzter nuklearer Eskalation. Aber gibt es eine entsprechende Nato-Strategie? Und wäre die im Anwendungsfall umsetzbar? Kommt eine neue Nachrüstungsdebatte?

Russland versucht heute mit vielen Mitteln, den Westen, den es als Gegner definiert, zu spalten: das transatlantische Bündnis, die Europäische Union, die Türkei von der Nato, die USA durch Wahlmanipulationen, europäische Demokratien durch Unterstützung rechtspopulistischer und rechtsextremer Kräfte. Man kann das sehen, man kann es wissen, man kann sich dagegen wappnen. Aber mit gleicher Münze zurückzahlen, können und wollen liberale Demokratien nicht.

Was jedenfalls nicht hilft, wäre Appeasement. Das multiethnische russische Riesenreich ist möglicherweise niemals „saturiert", bleibt immer druckvoll expansiv, um nicht zu erschlaffen und in sich zusammenzufallen. Diesem Dauerdruck widerstehen die Nachbarn nur mit dem notwendigen Maß an Selbstbehauptungswillen, Stärke und Bündnissolidarität. Festigkeit schützt und ist die Vorbedingung für sinnvollen Dialog.

Chinas langer Marsch und Amerikas neuer Kalter Krieg

Auch für die USA ist die Hoffnungsepoche der zweieinhalb Jahrzehnte nach dem Ende des Kalten Krieges inzwischen vollendete Vergangenheit. Spätestens seit 2014 leben wir in einer neuen Ära. Für uns Europäer ist diese neue Zeit gekennzeichnet vor allem durch die aggressive Politik Russlands und unsere Rückbesinnung auf die Notwendigkeit, wieder zur kollektiven Verteidigung fähig zu sein. Aus US-Perspektive spielt Russland zweifellos ebenfalls eine wesentliche Rolle bei der Rekalibrierung amerikanischer Sicherheitspolitik, aber wohl nicht die Hauptrolle. Wenn Trumps früherer Verteidigungsminister James Mattis sagt: „Great power competition, not terrorism, is now primary focus of US national security", dann meint er in erster Linie die Konkurrenz mit der wachsenden Weltmacht China. Schon die Obama-Administration hatte mit ihrem *pivot to Asia* und abschätzigen Bemerkungen über Russland als „Regionalmacht" diesen Perspektivenwechsel rhetorisch eingeleitet.

Wer mit chinesischen Offiziellen spricht, wird zunächst einmal eingelullt in Phrasen der Harmonie, des Miteinander und des gemeinsamen Besten für China und die Welt. Gleichzeitig verfolgt China recht kontinuierlich eine extrem expansive Vormachtpolitik gegenüber seinen Nachbarn, auf dem afrikanischen Kontinent und nicht zuletzt in Europa. Das gigantische Seidenstraßenprojekt schafft neue infrastrukturelle Voraussetzungen für Handel und Wohlstand – und Abhängigkeit vom Kreditgeber China. Damit tut China nichts, was nicht auch die USA und andere schon getan hätten, nur eben noch planvoller. Und das bevölkerungsreichste Land der Erde mit der inzwischen zweitgrößten Volkswirtschaft tritt an, die USA als ökonomischen und politischen Hegemon abzulösen, vielleicht etwas später auch deren militärische Suprematie zu brechen.

Chinas Präsident Xi Jinping kündigte auf dem 19. Parteitag der KPCh 2017 an: „Bis zum Jahr 2035 wollen wir die Modernisierung der Armee [...] bewältigt haben. Bis Mitte des Jahrhunderts wollen wir die Volksbefreiungsarmee zu einer Armee erster Klasse aufbauen." Denn zur Mitte des Jahrhunderts gibt es Grund zu feiern: 2049 begeht die Volksrepublik den

100. Jahrestag ihrer Gründung. Dann will man voll auf Augenhöhe mit Amerika sein – oder auch schon vorbeigezogen. Insofern fühlen sich die USA aus guten Gründen eher von China als von Russland oder von al-Qaida existenziell herausgefordert.

Für Europa kann das bedeuten, dass „Russland" aus amerikanischer Perspektive überwiegend ein europäisches Problem darstellt, abgesehen von der Aufrechterhaltung des nuklearen Patts. Das mag eine realistische Einschätzung der eigenen Möglichkeiten sein, aber es mutet den europäischen Bündnispartnern etwas zu, was lange kein Thema war: Die Hauptverantwortung für die Sicherheit Europas liegt in Friedenszeiten bei den Europäern. Amerika sieht sich hier mehr in der zweiten Reihe als jemals zuvor seit 1945, helfend zwar, aber nicht mit allem, was man hat, auf Nato-Europa fixiert. Aus der überdehnten und frustrierten Supermacht der Bush-Jahre mit ihrem Krieg gegen den Terror wird wieder der Finalteilnehmer einer *great power competition*. Die Rolle ist bekannt, erprobt und beliebt. In *Foreign Policy* schreibt der amerikanische Publizist Robert Kaplan: „A new cold war has begun." Aber wird am Ende der kommunistische Wettbewerber China zusammenbrechen wie 1990/91 die Sowjetunion? Wäre das wünschenswert? Ich glaube nicht.

Die globale Multipolarität besteht ja trotz dieses neuen Clinchs zweier *great powers* fort. Eine bipolare Welt wie zu Zeiten der Blockkonfrontation existiert nicht mehr. Und die Kriegsgefahr scheint heute tatsächlich unkalkulierbarer als unter den damaligen Abschreckungsbedingungen gegenseitig gesicherter nuklearer Vernichtung.

Vor einigen Jahren veröffentlichte der Berliner Thinktank *Stiftung Wissenschaft und Politik* (SWP) eine Studie, in der die gegenwärtige Situation in Ostasien verglichen wurde mit dem Europa des Jahres 1914, unmittelbar vor Beginn des Ersten Weltkriegs: wachsendes Misstrauen, Einkreisungsängste, rasanter Rüstungswettlauf und keine dämpfenden Bündnisstrukturen. Chinas Hoheitsansprüche im Südchinesischen Meer provozieren ein ums andere Mal militärische Beinahe-Konfrontationen mit Nachbarstaaten wie auch mit Garantiemächten der Freiheit des Seeverkehrs. Ein britischer Verteidigungsminister verstieg sich voller Brexit-Patriotismus schon einmal dazu, einen im Bau befindlichen Flugzeugträger, wenn er denn in den 2020er-Jahren fertig sein werde, als allererstes ins Südchinesische Meer schicken zu wollen. Wer immer dort noch aufkreuzt: Die Region bleibt gefährlich. Und Urteile internationaler Gerichte akzeptieren die Chinesen nicht.

Beim Studieren denkbarer Kriegsursachen, die es zu vermeiden gilt, ist aus amerikanischer Perspektive im Moment der Iran der besorgniserregendste Schurkenstaat, der Terror exportiert, nach Atomwaffen strebt, Israel bedroht und mit verbündeten Milizen den Nahen und Mittleren Osten destabilisiert. In Europa machen viele sich zusätzliche Sorgen wegen Irans Erzfeind Saudi-Arabien, ebenfalls ein Terrorexporteur, dessen Beamte im Ausland kürzlich einen Journalisten zerstückelten und in Säure auflösten. Allerdings hat der Saudi-Clan sich entschieden, ein Freund des Westens zu sein. Stabil scheint am Golf gegenwärtig nur die Fragilität der Lage.

Spannungsreich bleibt das Verhältnis zwischen den beiden Atomwaffenstaaten Indien und Pakistan, immer noch, aber nicht nur wegen des Kaschmirkonflikts. Auf der koreanischen Halbinsel versucht der amerikanische Präsident, durch persönliches Verhandeln die Atomwaffen Nordkoreas zu beseitigen. Wie das gelingen soll, ist rätselhaft, bilden doch genau diese Atomwaffen die Überlebensgarantie des kommunistischen Gulag-Regimes und seiner Führer.

In den Konflikten zwischen den Staaten scheinen heute überholt geglaubte Muster aus der Welt des 19. Jahrhunderts wiederbelebt zu werden: Zoll- und Handelskriege, militärische Drohgebärden, nationales Vormachtstreben, Abgrenzung von Einflusssphären, hybride Destabilisierung, Wettrüsten. Die Hoffnung, dass an die Stelle des Rechts des Stärkeren mehr und mehr eine Ordnung tritt, in der die Stärke des Rechts sich beweisen kann, wird zunehmend enttäuscht. Der Multilateralismus, den Deutschland und die Mehrheit der Mitglieder der Europäischen Union hochhalten, ist in der Defensive. Wie es scheint, spielen die USA unter Donald Trump momentan eher das Spiel der autokratischen Staaten mit: Wer gewinnt, hat recht.

2 Die sicherheitspolitische Geografie Europas

Unterschiedliche Blickwinkel

Was wir unter Europa verstehen, versteht sich nicht von selbst. Wer gehört dazu? Der *Eurovision Song Contest* im Mai 2019 etwa fand in Tel Aviv statt. Dabei gehört Israel geografisch zu Asien – aber politisch geht das schon in Ordnung. Europa mit seinen insgesamt 47 Staaten ist mehr als die EU, ist nicht identisch mit Europarat, OSZE oder Nato-Europa, ist mehr als der Schengen-Raum, die PESCO-Gruppe oder die Eurozone. Aber trotzdem scheint es eine Art europäischer Identität zu geben, die sich über das Mehr oder das Weniger an europäischer Integration definiert. Wer überall dabei ist: in der Nato, in der EU, bei Schengen, bei PESCO und beim Euro, gehört zum idealtypischen Europa, um nicht Kern-Europa zu sagen. Viele, die noch nicht dazugehören, streben dieses Vollbild europäischer Integration an. Es ist attraktiv, selbst wenn Großbritannien jetzt vom Kontinent wegzusteuern versucht.

Das zusammenwachsende Europa spricht viele Sprachen, erinnert sich an schreckliche Kriege und Verbrechen, hat auf je eigene Rechnung in der Welt gewirkt oder gewütet und genießt heute die längste Friedensperiode seiner Geschichte. Es sind ganz unterschiedliche historische Erfahrungen, nationale Eigenheiten, prägende Nachbarschaften und strategische Kulturen, die zu betrachten sind, wenn man eine Landkarte der sicherheitspolitischen Geografie Europas zeichnen will. Portugiesen und Norweger, Belgier und Bulgaren schauen aus unterschiedlichen Blickwinkeln auf die gleiche Welt. Sie können so, notwendigerweise, nie exakt das genau Gleiche erkennen. Wenn sie aber zu einem gemeinsamen Lagebild, zu einer abgestimmten Bedrohungsanalyse, zu kollektivem Handeln kommen wollen, müssen sie miteinander reden. Nicht die scheinbar gleiche objektive Gefährdung, sondern erst die Kommunikation über die Gefährdung stellt, wenn sie erfolgreich ist, kollektive Handlungsfähigkeit sicher.

Es ist schon einiges gewonnen, wenn man sich in der Debatte nationalstaatlich geprägter Akteure über europäische Politik immer dessen bewusst ist, dass Herkunft und handlungsleitende Interessen eine Rolle spielen. Natürlich schauen zum Beispiel die kleinen Ex-Sowjetrepubliken Litauen (3 Millionen Einwohner), Lettland (2 Millionen) und Estland (1 Million) eher nach Osten, wenn sie sich um ihre Sicherheit sorgen, und Portugal (10 Millionen) eher nach Süden.

Neuer Osten – alte Geschichte

Wie gut können Deutsche heute nachvollziehen, dass für Polen die Frage, ob es Polen überhaupt gibt, eine Frage ist, die von der Geschichte – das heißt von ihren deutschen und russischen Nachbarn – öfter schon mal gemeinsam mit Nein beantwortet wurde? Zuletzt 1939. Wie klar ist uns das? Polen aller politischen Überzeugungen reagieren allergisch, wenn sich größere Mächte über ihren Kopf hinweg in Angelegenheiten, die Polen angehen, zu einigen scheinen. Für die drei baltischen Staaten gilt das aufgrund ihrer historischen Erfahrungen ganz ähnlich. Im Namen der Freiheit Polens hatten Frankreich und Großbritannien Hitler-Deutschland den Krieg erklärt. Aber nach den Konferenzen von Jalta und Potsdam wurde das Land 1945 ein befreiter kommunistischer Vasallenstaat der Sowjetunion, bis 1990. Das ist noch nicht so sehr lange her.

Wer weiß heute noch, dass die Unabhängigkeit der Ukraine vom russischen Reich eine Folge des Vertrags von Brest-Litowsk war, mit dem der Erste Weltkrieg am 3. März 1918 im Osten endete? Deutschland verhalf der ukrainischen Nationalbewegung zur Unabhängigkeit, so wie Berlin den Bolschewiki 1917 (mit Lenins Eisenbahnfahrt durch Deutschland) Schützenhilfe bei der revolutionären Niederringung der Kerenski-Regierung gab, die nach dem Sturz des Zaren den Krieg gegen die Mittelmächte fortsetzen wollte.

Passend zum 100. Jahrestag der Oktoberrevolution ist 2018 einige russische Prosa in neuer deutscher Übersetzung und kritisch kommentiert erschienen, die unser reduziertes Bild vom Osten ergänzen kann, zum Beispiel Isaak Babels verstörende Erzählung *Die Reiterarmee* über die Truppe Semjon Budjonnys, die mit äußerster Brutalität die Ukraine für die Sowjetherrscher in Moskau eroberte. Der jüdische Intellektuelle Babel diente als bolschewistischer Propagandaoffizier in Budjonnys Tross. Er protokolliert mit ironisch scheinender Präzision die Verbrechen der Reiterarmee gegen Juden, gegen Polen, gegen „Weiße". An einer Stelle rühmt er die Rücksichtslosigkeit der Truppe, die „mit dem Hammer der Geschichte auf den Amboss künftiger Jahrhunderte schlägt". Was für ein Bild! Aber in der Tat: 70 Jahre war fortan die Ukraine eine kommunistische Diktatur und Teil der Sowjetunion bis 1991.

Eine andere Neuauflage gibt es von Michail Bulgakows Roman *Die weiße Garde*, der zur gleichen Zeit in Kiew spielt. Die bürgerliche Arzt- und Offiziersfamilie Turbin muss sich im Bürgerkrieg damit herumschlagen, dass man jahrelang nicht wissen kann, welche Seite gewinnen wird. Insgesamt 14 Mal wechselt von 1918 bis 1921 die Herrschaft, mal sind es die Deutschen, mal obsiegen die Nationalisten, mal die Polen, mal die Roten, mal die Weißen, hin und her, am Ende sind es die Sowjets.

Anfang der 30er Jahre ließ die Sowjetherrschaft planmäßig mehrere Millionen Ukrainer verhungern. Man nennt diesen Völkermord den *Holodomor*. Anfang der 40er Jahre rollte viermal die Front des Zweiten Weltkriegs verheerend durch die Ukraine, durch Kiew und Charkow, durch Saporoschje. Hier war Hitler im Winter 1943 nach der Katastrophe von Stalingrad zu seinem östlichsten Frontbesuch im Hauptquartier der Heeresgruppe Süd bei deren Oberbefehlshaber Erich von Manstein, der eine der letzten Wehrmachts-Offensiven vorbereitete, den „Gegenschlag am Donez". Rüdiger Stahlberg, von der militärischen Widerstandsbewegung im Vorzimmer des Feldmarschalls platziert, beschreibt diese gespenstische Episode in seinem lesenswerten Kriegsbuch *Die verdammte Pflicht*. Wenn einem also die Ortsnamen aus den Nachrichten von heute bekannt vorkommen: Es sind Orte deutsch-ukrainischer Geschichte – einer Geschichte, die nicht hinter dem deutsch-russischen Gedenken verschwinden sollte.

Die Ukraine ist kein kleines Land. Sie hat (inklusive Krim) 44 Millionen Einwohner und liegt damit zwischen den beiden mittelgroßen europäischen Staaten Polen (38 Millionen) und Spanien (46 Millionen). Weitere 1991 unabhängig gewordene Unionsrepubliken der ehemaligen UdSSR in Europa sind Weißrussland (9 Millionen Einwohner), die Republik Moldau (3 Millionen), Georgien (4 Millionen), Armenien (3 Millionen) und Aserbaidschan (9 Millionen). Es ist eine gefährdete Unabhängigkeit. Auf dem Territorium mehrerer dieser ehemaligen Sowjetrepubliken ist russisches Militär stationiert: 1.500 Soldaten im zu Moldau gehörenden Transnistrien, 28.000 auf der Krim und Tausende in der Ostukraine, in den zu Georgien gehörenden von Russland besetzten Landkreisen Abchasien 4.000 und Südossetien 3.000, so die *Military-Balance*-Analyse 2016 des Internationalen Instituts für strategische Studien (IISS).

In allen heute formal voll souveränen Staaten der früheren Sowjetunion beziehungsweise des ehemaligen Warschauer Pakts hat nach der Unabhängigkeit zunächst eine gewisse Renationalisierung eingesetzt. Gleichzeitig strebten und streben fast all diese Staaten sicherheitspolitisch in Richtung Nato, ökonomisch und kulturell Richtung EU. Viele sind in den Erweiterungsrunden beider Organisationen inzwischen Mitglied geworden. Die Migration erwerbstätiger jüngerer Bevölkerungsteile Richtung Westen ist beachtlich, zuletzt gab es sogar eine erhebliche Wanderung von einer Million Ukrainern in den boomenden Arbeitsmarkt Polens (Wirtschaftswachstum um 5 Prozent).

Für die Ukraine und die Kaukasusrepubliken gilt, wie übrigens auch für die Balkanstaaten, dass Nato wie EU bei der Aufnahme neuer Mitglieder nach Möglichkeit vermeiden wollen, ungelöste Nachbarschaftskonflikte ins Bündnis zu importieren. Es ist bitter für die Betroffenen, wenn der große Nachbar Russland mit wenig Aufwand existenzielle Konflikte einfrieren und bei Bedarf wieder aufwärmen kann. Mit der Ukraine wie mit Georgien hat die Nato regelmäßige spezielle Ratsformate etabliert.

Auf dem Westbalkan schreitet der Nato-Beitrittsprozess fort. Nach Slowenien (2 Millionen Einwohner), Kroatien (4 Millionen) und Montenegro (0,6 Millionen) tritt nun mit neuem Namen auch Nord-

Mazedonien (2 Millionen) bei. Für Bosnien-Herzegowina (3 Millionen), Serbien (7 Millionen) und das Kosovo (2 Millionen) gilt aber zunächst weiterhin, dass etliche Konflikte gelöst werden müssen, bevor die Beitrittsperspektive praktisch wird. Und das orthodoxe Serbien wird aus alter Verbundenheit noch immer von Moskau umworben, etwa auch durch die kostenfreie Lieferung russischer Waffen.

Vier der neuen mittelosteuropäischen Demokratien haben sich zu einem politischen Regionalbündnis zusammengefunden, der (nach dem Gründungsort) sogenannten Visegrád-Gruppe: Polen (38 Millionen), Tschechien (11 Millionen), die Slowakei (5 Millionen) und Ungarn (10 Millionen). Damit repräsentieren sie zusammengenommen (64 Millionen) eine europäische Bevölkerung in der Größenordnung von Italien (60 Millionen), Großbritannien (66 Millionen) oder Frankreich (67 Millionen). Allerdings gibt es auch unter den Visegrád-Vier gelegentlich ein Kleinmisstraut-Groß-Problem und zurzeit jeweils innerstaatliche Anfechtungen von Demokratie und Rechtsstaatlichkeit. Aber ihr Gewicht ist, wie der Polen-Poker nach der EU-Parlamentswahl 2019 zeigte, durchaus beachtlich

Im Süden Europas erweisen sich jene drei Länder, die nach dem Zweiten Weltkrieg noch längere Zeit keine Demokratie leben konnten, sondern von Rechtsdiktaturen oder einer zeitweiligen Militärdiktatur beherrscht wurden, Spanien (bis 1975), Portugal (bis 1974) und Griechenland (bis 1974), als erstaunlich resistent gegen den sonst in Europa an Boden gewinnendem Rechtspopulismus. Griechenland (11 Millionen Einwohner) und Portugal (10 Millionen) haben in der Euro-Krise trotz tief greifender Sanierungsprogramme ihre europäische Zugehörigkeitsidentität nicht infrage gestellt. Spanien erwartet von den Kräfteverschiebungen nach dem EU-Austritt Großbritanniens einen Bedeutungszuwachs und spielt schon jetzt, trotz Katalonien-Krise, eine besonders konstruktive Rolle, zumal das größere Italien durch seine seltsamen Regierungskoalitionen mit Rechts- und Linkspopulisten Ansehen und Einfluss eingebüßt hat.

Der britische Sonderfall

Großbritannien, das Land der Angelsachsen, ist durch die Geschichte, durch die Verwandtschaft der Herrscherhäuser und die gelebte Realität zu jedem gegebenen Zeitpunkt der vergangenen 2.000 Jahre seit Cäsar ein europäisches Land gewesen. Aber eine Insel. Das Bild und Selbstbild von der *splendid isolation*, von der Weltmacht, die auf dem Kontinent andere Mächte für sich kämpfen lässt, sitzt tief. Nicht erst die anachronistische Brexit-Debatte zeigt, dass Großbritannien nicht eine normale europäische Mittelmacht, sondern etwas sehr Besonderes sein will. Jedenfalls traf das wohl für die Mehrheit der Briten an jenem schicksalhaften Referendums-Donnerstag im Juni 2016 zu.

Und es stimmt ja: Das Vereinigte Königreich *ist* ein europäischer Sonderfall. Es verfügt über eigene Atomwaffen und einen ständigen Sitz im Weltsicherheitsrat mit Vetorecht. Das britische *Empire* mag untergegangen sein, aber immer noch gibt es dieses riesige Ex-Kolonialreich mit Dutzenden von Staaten in aller Welt, in denen Englisch gesprochen wird und deren Brückenkopfeliten zum Einkaufen nach London fliegen. Im *Commonwealth* spielt die britische Königin als nominelles Staatsoberhaupt vielerorts noch eine prächtige Rolle. Bilaterale Abkommen, manche auch mit sicherheitspolitischen Klauseln, verbinden die ehemalige Weltzentrale mit der Peripherie, auch etliche Militärstützpunkte sind noch übrig, von Gibraltar über Akrotiri und Dekelia auf Zypern bis zu Port Stanley auf den südatlantischen Falklandinseln und Marinebasen im Persischen Golf.

Als Großbritannien im September 1939 in den Krieg gegen Hitler eintrat, repräsentierte die britische Krone ein Viertel der gesamten Weltbevölkerung, von Ägypten und Südafrika über Indien und Singapur bis Australien und Neuseeland. In keinem Krieg seit der Normannen-Invasion 1066 je vom Feind besetzt, war Großbritannien lange die klassische Seemacht schlechthin. Landstreitkräfte sind für die Briten immer Expeditionsheere, die im Nahen Osten, in Burma, in Frankreich (Erster und Zweiter Weltkrieg) oder an der innerdeutschen Grenze (Kalter Krieg) aufmarschieren. Die britische Perspektive auf den Einsatz von Militär ist in anderer Weise positiv als in fast allen anderen kriegserfahrenen Gesellschaften des Kontinents. Britische Soldaten haben in beiden Weltkriegen des 20. Jahrhunderts von Anfang an für Freiheit und Demokratie gekämpft, tapfer, unermüdlich, Rückschläge wegsteckend, am Ende immer siegreich. Nach der Niederlage Frankreichs 1940 standen sie allein gegen das ganze von Nazi-Deutschland beherrschte Kontinentaleuropa, *Britain's finest hour*. Die Luftschlacht um England ist ein nationaler Mythos: Noch nie hatten so viele so wenigen so viel zu verdanken. Was für eine Nation!

Durch Verwandtschaft, Geschichte und Sprache fühlen sich die Briten den USA besonders nah, näher als jedem anderen Land auf der Erde. In beiden Weltkriegen war man verbündet, in beiden Fällen traten die USA erst nachträglich in den Krieg ein, in beiden Fällen war dies entscheidend und brachte der anglo-amerikanischen Allianz den Sieg, im Zweiten Weltkrieg sogar auf beiden Seiten des Globus: gegen die Deutschen wie gegen die Japaner. Auch für die USA übrigens sind Landstreitkräfte immer Expeditionsheere. Krieg findet nicht zuhause statt, sondern stets anderswo.

Wenn man die Haltung von Briten und Amerikanern zum Einsatz von Militär heute für den verteidigungspolitischen Normalfall hält, an dem alle, die sonst noch nach Normalität streben, sich orientieren sollten, macht man einen Fehler. Die Erfahrungen dieser beiden Großmächte mit dem problemlösenden Einsatz von militärischer Gewalt sind vielmehr einzigartig. Wir können froh sein, dass es sie gab und gibt und dass sie so zuversichtlich und erfolgreich waren! Sonst gäbe es heute vielleicht keine Freiheit mehr, sondern nur Tyrannei.

Aber die historischen Erfahrungen der Länder, die der Krieg physisch verwüstet hat, die Erfahrungen von Verfolgung, Vernichtung, Vertreibung und Flucht, von Fremdherrschaft und Zusammenbruch, von Kollaboration, Verstrickung und Schuld, diese Erfahrungen bedingen oft ein distanzierteres Verhältnis zur militärischen Aktion, nicht nur in Deutschland. Es wäre seltsam und beunruhigend, wenn Deutsche heute bei uns einen Hurra-Patriotismus für normal hielten, den viele Briten und Amerikaner ganz selbstverständlich pflegen, wenn sie an ihre militärischen Aufgaben in Geschichte und Gegenwart denken.

Also, unsere britischen Freunde sind etwas Besonderes. Sie waren ein Segen für die Welt, als die in Flammen stand. Sie sind erstklassige Verbündete in der Nordatlantischen Vertragsorganisation, die sie einst selbst mitgeschaffen hatten. Es war schön, als sie 1973 der Europäischen Gemeinschaft beitraten. Es ist schade, dass sie die Europäische Union jetzt verlassen. Aber auf ihre besondere Weise werden sie stets ein politisch aktiver Teil Europas sein. Weil es immer so war, und weil sie gar nicht anders können.

Buntes Europa

Bevor wir zum anderen europäischen Sonderfall Frankreich kommen, sei noch einmal ein Blick auf die Vielfalt der sicherheitspolitischen Geografie Europas geworfen. Da sind in der Mitte von allem die Benelux-Staaten Niederlande (17 Millionen Einwohner), Belgien (11 Millionen) und Luxemburg (0,5 Millionen) mit einer beeindruckenden ökonomischen Erfolgsgeschichte, wirtschaftlich sehr eng mit Deutschland und Frankreich verflochten, 1957 Gründungsmitglieder der Europäischen Wirtschaftsgemeinschaft (EWG) und übrigens auch schon Unterzeichnerstaaten des Vertrags über die Gründung einer Europäischen Verteidigungsgemeinschaft (EVG) 1952, gemeinsam mit Deutschland, Frankreich und Italien. (Der Vertrag scheiterte dann an veränderten Mehrheitsverhältnissen in der französischen Nationalversammlung.) Diese sechs bilden so etwas wie die Keimzelle der europäischen Integration, allesamt früher oder später auch Nato-Mitglieder. Die belgische (Afrika) und niederländische Kolonialgeschichte (Karibik, Südostasien) ist nicht vergessen, aber keineswegs so prägend wie zum Beispiel die fortdauernde konstitutionelle Monarchie in beiden Ländern.

Italien mit seiner faschistischen Vergangenheit, mit seiner Beteiligung an Hitlers Krieg (nach dem Sturz Mussolinis dann auf beiden Seiten) und seiner verspäteten Kolonialpolitik in Afrika ist heute von der Größe her eine europäische Mittelmacht, allerdings weniger signifikant als Frankreich, Großbritannien und Deutschland. Innenpolitische Instabilität und Turbulenzen aufgrund der Eurokrise beunruhigen die Partner. Früher als andere war Italien von der ungesteuerten Migration über das Mittelmeer betroffen. Die Flüchtlingskrise wurde zu einem entscheidenden Thema der Innenpolitik.

Es gibt drei Staaten in Europa, die sich selbst traditionell als neutral bezeichnen: die Schweiz (8 Millionen Einwohner), Österreich (9 Millionen) und Irland (5 Millionen). In Irland geht dies auf die Erklärung des Ministerpräsidenten Eamon de Valera zur Nichtbeteiligung am Zweiten Weltkrieg zurück („... keep our people out of the war"). Seit 1973 EG-, jetzt EU-Mitglied konnte Irland dem aktuellen (Lissabonner) EU-Vertrag nur zustimmen, weil der sicherheitspolitische Beistandsartikel 42 um eine „Irische Klausel" ergänzt wurde. Der Nato gehört das Land nicht an, aber es nahm und nimmt teil an multinationalen Militäreinsätzen, unter anderem im Kosovo, in Afghanistan und in Mali. Auch Österreich gehört der EU, nicht aber der Nato an. Im Bundesverfassungsgesetz von 1955 ist in Artikel 1 von der „immerwährenden Neutralität" des Landes die Rede und dass man „keinen militärischen Bündnissen beitreten" werde – eine sowjetische Vorbedingung für die Wiedererlangung der Souveränität des besetzten Landes. Entsprechend interpretiert man auch den EU-Vertrag wie Irland und nimmt gleichwohl aktiv an Missionen der Nato, der EU und der UN teil.

Und selbst die seit 500 Jahren neutrale Schweiz, weder Mitglied der Nato noch der EU, verweigert sich nicht friedenserhaltenden Missionen etwa der UN. So sieht man schweizerische Hubschrauber auf dem Heliport des UNIFIL-Hauptquartiers (*United Nations Interim Force in Lebanon*) im libanesischen Naqoura stehen. Alle drei Nationen geben kaum mehr als ein Prozent ihres Bruttoinlandsprodukts für Verteidigung aus, haben sich aber alle der Nato-Initiative für Nichtmitglieder *Partnership for Peace* angeschlossen.

Bündnispolitisch bunt stellt sich der Norden Europas dar. Island (0,3 Millionen Einwohner) verfügt über keine Armee, ist aber Gründungsmitglied der Nato seit 1949, das heißt als eine Art unsinkbarer Flugzeugträger im Nordatlantik ein Garant für die Sicherung des Seewegs zwischen Amerika und Europa. Dänemark (6 Millionen) gehört Nato und EU an, kann aber aufgrund einer Volksabstimmung nicht an der Gemeinsamen Außen- und Sicherheitspolitik der EU teilnehmen. Norwegen ist Nato-Mitglied, nicht aber Mitglied der EU. Zwei Beitrittsreferenden scheiterten. Doch die formale Assoziierung an die EU ist enger als die jedes anderen Nicht-EU-Staates. Beide, Dänemark und Norwegen, waren 1940 bis 1945 deutsch besetzt. Schweden (10 Millionen) blieb im Zweiten Weltkrieg neutral und ist auch heute nicht Mitglied der Nato, aber der EU. Das Land hat im Kalten Krieg als Teil des Westens sehr viel Wert auf autonome Wehrhaftigkeit und rüstungswirtschaftliche Autarkie gelegt. Die schwedische Industrie baut eigene Jagdbomber, U-Boote und gepanzerte Fahrzeuge. In den 1970er-Jahren soll die Mobilmachungsstärke der schwedischen Streitkräf-te bei 800.000 Mann gelegen haben.

Finnland (6 Millionen Einwohner) hat im Zweiten Weltkrieg schon ge-gen die Sowjetunion kämpfen müssen, als Stalin noch mit Hitler verbün-det war. Nach dem 22. Juni 1941 waren dann Deutschland und Finnland Verbündete. Zum Teil standen mehr als 100.000 deutsche Soldaten an der finnischen Front, bis Finnland 1944 mit der Sowjetunion einen Separat-frieden schloss. Finnland gehört der EU an, nicht aber der Nato. Dennoch nehmen aufgrund der russischen Bedrohung die Nichtmitglieder Finnland und Schweden heute nicht selten an Sitzungen des Nordatlantikrats teil und tragen auch zu gemeinsamen Militärübungen und Einsätzen bei. Wenn man auf dem Flughafen von Rovaniemi am Polarkreis, genau da, wo bekanntlich der Weihnachtsmann wohnt, auf dem Weg aus dem Winter-urlaub nach Hause auf eine voll ausgerüstete Gruppe junger finnischer Soldaten trifft, die für einen Linienflug Richtung Balkan eincheckt, dann steht dieses Bild für ein zutiefst solidarisches Europa.

Der Balkan, bis vor 100 Jahren noch die europäische Konfliktregion, in der zwei schwächer werdende Vielvölkerimperien, das osmanische und das habsburgische – das heißt auch: Islam und Christentum –, aufeinan-dertrafen und wo später unterschiedliche Varianten kommunistischer Parteidiktatur gewaltsam den Deckel auf den Topf brodelnder ethnischer und religiöser Unverträglichkeiten hielten (auch der Faschismus hatte hier eine Rolle gespielt), bleibt eine Art europäisches Entwicklungsgebiet. In der Literatur haben Ivo Andrić: *Die Brücke über die Drina*, Ismail Kadare: *Der große Winter* oder Manès Sperber: *Wie eine Träne im Ozean* die Verlorenheit der Menschen in diesen Weltanschauungskonflikten beschrieben, wo um das Neueste schon gekämpft wird, während so viel Altes noch existenziell das Leben bestimmt.

Das Neueste heute heißt glücklicherweise Europa. Von den Mitgliedschaften und Aspirationen der ex-jugoslawischen Nachfolgestaaten war oben die Rede. Albanien (3 Millionen Einwohner), Bulgarien (7 Millionen) und Rumänien (20 Millionen) sind schon Mitglieder der Nato, die letzten beiden auch EU-Mitglieder. Rumänien nahm am Zweiten Weltkrieg auf der Seite Hitler-Deutschlands teil, einschließlich Judenverfolgung und Feldzug gegen die Sowjetunion. 1944 koalierte das Land um. In den Rückzugskämpfen der Heeresgruppe Süd über Rumänien zurück ins Reich, war deren Chef des Stabes ein Generalleutnant Helmuth von Grolman – der 1959 mit großer Mehrheit zum ersten Wehrbeauftragten des Deutschen Bundestages gewählt wurde. Die ersten sieben von bisher zwölf Wehrbeauftragten übrigens hatten in der Wehrmacht gedient, die letzten zwei erst in der Bundeswehr.

In die Landkarte Europas ragen drei große Staaten hinein, die allesamt Grenzgänger sind: die Türkei (10 Millionen Einwohner im europäischen Teil von 81 Millionen gesamt), Kasachstan (0,5 von 18 Millionen) und das Vielvölkerreich Russland (104 von 144 Millionen). Die Türkei ist Nato-Mitglied, strebt seit Langem vergeblich nach der Aufnahme in die Europäische Union und entwickelt sich unter dem autoritären Präsidenten Erdoğan zu einer Eigenständigkeit beanspruchenden regionalen Vormacht gegenüber seiner besonders interessanten Nachbarschaft (Syrien, Irak). Kasachstans staatliche Souveränität dürfte gegenüber Russland ähnlich fragil sein wie die der ehemaligen Sowjetrepublik Weißrussland.

Und Russland, so europäisch geprägt das ganze Land bis zum Ural und darüber hinaus sein mag, konstituiert sich heute als Antipol zum dekadenten Westen. Man trauert den ruhmreichen Zeiten der welterschütternden Sowjetunion hinterher, deren Zusammenbruch Präsident Putin bekanntlich für die „größte geopolitische Katastrophe des 20. Jahrhunderts" hält, so in seiner Rede zur Lage der Nation 2005. Hinter der neuen Aggressivität nach außen könnte eine alte zaristische wie sowjetische Maxime stecken, die marktwirtschaftlich formuliert so lauten würde: Wachse oder sterbe! Ehrpusseligkeit wie im 19. Jahrhundert und Stolz, auch Nationalstolz, sollte man im internationalen Verkehr mit Russland (wie mit der Türkei) als handlungsleitendes Motiv nicht unterschätzen. Die Deutschen pflegen seit über 100 Jahren wechselnder Geschichte in erstaunlicher Kontinuität ein ambivalentes Verhältnis zu dem östlichen Nachbarn. Schon vor dem Ersten Weltkrieg galt manchen bürgerlichen Kreisen das Russische als idealistisch, tief, seelenverwandt, nicht so krämerisch wie der materialistische Westen. Der sozialdemokratischen Linken galt das Zarenreich dagegen als Hort der Reaktion und Bedrohung aller Errungenschaften von Aufklärung und Arbeiteremanzipation. Darauf weist Herfried Münkler in seinem Weltkriegsbuch *Der große Krieg* hin. Heute scheint das Russlandbild in der deutschen Gesellschaft ähnlich gespalten zu sein.

Ein weiteres größeres Land, das ganz und gar nicht zum europäischen Kontinent gehört, könnte man schließlich auch noch zu Europa rechnen, jedenfalls politisch, ökonomisch und kulturell. Es ist Gründungsmitglied der Nato und bildet eine Freihandelszone mit der EU: Kanada (37 Millionen Einwohner). Hier spricht man Englisch und Französisch und bemüht sich täglich, nicht unter den übermächtigen Nachbarn USA subsumiert zu werden.

La Grande Nation

Als wir einmal aus einem bestimmten Grund, sagen wir: nach krassen Machenschaften böser Menschen aus unserer eigenen Partei, eine Art „Exil" brauchten, fuhren meine Frau, die es betraf, und ich aus dem hohen Norden 1.500 Kilometer quer durch Deutschland und Frankreich in ein kleines Runddorf, 30 Kilometer von Avignon entfernt. Ein deutscher Professor besitzt hier ein Refugium, das wir mieten konnten. Es gibt zwei Kneipen, ein Lebensmittelgeschäft, deren Besitzerin mein Französisch lobte, aber zu verbessern versuchte, in der Nähe Hänge mit Wein, Ruhe zum Schreiben. Das letzte Kapitel im Buch meiner Frau, Susanne Gaschke, beginnt so: „Ich sitze auf der Dachterrasse eines 300 Jahre alten Hauses in Saint-Paulet-de-Caisson in Südfrankreich. Um mich herum die puderfarbenen Ziegeldächer des Dorfes, darüber ein lichtblauer provenzalischer Himmel. Jeden Tag komme ich nach dem Frühstück hier herauf, um zu arbeiten. Um aufzuschreiben, was ich im vergangenen Jahr erlebt habe, wie es mir ergangen ist. Ich bin froh, dass mich überhaupt wieder interessiert, welche Farbe der Himmel hat. Oder wie schön die Dachziegel aussehen: hellrosa altrosa, ocker, moosgrün, grau, hellgrau, orange. Oder dass ich mich freue wenn eine braun-weiß-grau-gefleckte Katze auf dem Nachbardach sorgfältig ihre Pfoten sortiert: eins, zwei, drei, vier; dann draufsetzen und sehr ordentlich den Schwanz darum herum legen. Augen zu. Ich nehme an, so ähnlich ist es, wenn man sich langsam von einer Krankheit erholt."

Frankreich war in diesen Wochen für uns eine andere Welt, ein besseres Zuhause. Es war schön und tat gut. Klar hatten wir Glück mit dem Wetter und mit dem Ort, und auch in Deutschland und anderswo gibt es hinreißende Refugien. Aber es entspricht schon sehr einem französischen Lebensgefühl, dass es einem gut gehen, dass man sich wohlfühlen soll. Das wollte ich vorausschicken: Ich liebe Frankreich.

In gewisser Weise hat Frankreich Ähnlichkeit mit Großbritannien. Auch Frankreich ist ein europäischer Sonderfall: ständiger Sitz im UN-Sicherheitsrat mit Veto-Recht, eigene Atomwaffen und ein historisches Kolonialreich im Rücken. Wiewohl in beiden Weltkriegen britische und amerikanische Truppen auf französischem Boden für Frankreichs Freiheit fochten, ist seit de Gaulles Zeiten das Verhältnis zu den USA eher ein Konkurrenzverhältnis. Wenn Franzosen Europa sagen, meinen sie Nicht-Amerika. Zwar hat Frankreich die Nato 1949 mitgegründet, sich dann aber seit 1966 aus der militärischen Integration herausgehalten, eine demonstrative Distanzierung, die erst Präsident Sarkozy 2009 wieder aufhob.

Wie Washington und London behält Paris sich das Recht zum unilateralen Handeln vor. Frankreich bekennt sich zum Multilateralismus, legt aber Wert darauf, alle Voraussetzungen zum jederzeitigen nationalen

Handeln weltweit aufrechtzuerhalten. Ein Netz von Militärstützpunkten, nicht nur in Afrika, hilft dabei. Bilaterale Verträge mit einzelnen Staaten der Frankofonie, der französischsprachigen Welt, verpflichten Paris zur Unterstützung in Krisenlagen. Das alles gilt so für kein anderes europäisches Land außer für Großbritannien. Die Distanz anderer ehemaliger europäischer Kolonialmächte wie Spanien, Portugal, Deutschland, Italien, Belgien und Holland zu ihren verflossenen Imperien ist überwiegend größer.

Auch die Kriegserfahrung wird in der französischen Politik, unabhängig von den jeweiligen Mehrheitsverhältnissen, überwiegend anders interpretiert als in den meisten anderen kontinentaleuropäischen Staaten. Frankreich war im Zweiten Weltkrieg besetzt, in beiden Kriegen wurde viel zerstört, aber die Rolle des Militärs als außenpolitischer Problemlöser gilt in der Nation von Napoleon als selbstverständlich. Militär ist dazu da, um eingesetzt zu werden! Und es wurde selbst in Zeiten der Blockkonfrontation und des Kalten Krieges, als eigentlich Abschreckung – kämpfen können, um nicht kämpfen zu müssen – das Gebot der Stunde war, „heiß" eingesetzt: in den französischen Kolonialkriegen in Indochina und in Algerien.

Frankreich ist wie Großbritannien eine alte europäische Nation mit einer jahrhundertelangen ungebrochenen territorialen und kulturellen Identität – anders als das etwa bei Deutschland und Italien der Fall ist, den „verspäteten" Nationen, und nicht zu reden von Polen, dem Baltikum oder den Balkanrepubliken.

Nach so vielen Kämpfen mit den deutschen Nachbarn, von der Parteinahme im Dreißigjährigen Krieg 1618 bis 1648 über die napoleonischen Eroberungen Anfang des 19. Jahrhunderts und den deutschen Einigungskrieg 1870/71 bis zu den Weltkriegen des 20. Jahrhunderts 1914/18 und 1939/45 hat die Nachkriegszeit eine vollständige fundamentale Aussöhnung gebracht, dokumentiert in Freundschaftsverträgen, gelebt in zunehmender Verflechtung auf allen Ebenen.

Frankreich hat 1989/90 den Deutschen die Chance zur Wiedervereinigung nicht verwehrt – genauso wie die USA, Großbritannien und Gorbatschows Sowjetunion. Der Zwei-plus-vier-Vertrag beendete die alliierten Vorbehaltsrechte und macht Deutschland zu einem normalen Partner, der keine Sonderwege durch die Geschichte mehr gehen will, ein Freund all seiner Nachbarn, endlich ein Nutznießer seiner lange unbequemen Mittellage.

Mit dem Brexit wachsen nun Verantwortung und Macht des deutsch-französischen Power-Tandems, manche sagen dazu auch Motor, manche sprechen (geschichtsvergessen) von der Achse Berlin-Paris. Missgünstige warnen vor einem „Direktorium". Da Deutschland seit der Wiedervereinigung 1990 mit Abstand das bevölkerungsreichste Land (83 Millionen Einwohner) und die bei Weitem größte Volkswirtschaft in der Europäischen Union ist, vergrößert der Austritt Großbritanniens vor allem das Gewicht der bisherigen ökonomischen Nummer drei, Frankreich.

Auf das Verhältnis dieser beiden, Deutschland und Frankreich, wird es also in Zukunft ganz besonders ankommen. Sie stehen für zwei grundverschiedene Arten, europäisch zu sein – aufgrund ihrer Geschichte, ihrer unterschiedlichen Machtmittel und außereuropäischen Verantwortlichkeiten, ihrer strategischen Kulturen und nationalen Eigenheiten. Sie bilden in gewisser Weise die zwei Pole auf dem Kontinuum der vielen Möglichkeiten, europäisch zu denken und zu handeln. Dabei ist nicht die eine Sichtweise richtig und die andere falsch. Die Franzosen müssen nicht deutsch werden und die Deutschen nicht französisch. Aber sie müssen verstehen, dass, wenn sie aus unterschiedlichen Blickwinkeln, mit unterschiedlichen Erfahrungen und Interessen auf die gleiche Welt schauen, sie Unterschiedliches sehen. Das ist nicht zu ändern. Aber Franzosen und Deutsche müssen darüber reden, sich gegenseitig ihre Welt erklären, sich annähern und dann gemeinsam handeln.

Dafür sieht der am 22. Januar 2019 geschlossene deutsch-französische Vertrag von Aachen die richtigen Formate vor: einen gemeinsamen Sicherheitsrat der beiden Regierungen und (mit einem eigenen Parlamentsabkommen) eine gemeinsame Parlamentarische Versammlung, bestehend aus 50 deutschen und 50 französischen Abgeordneten, die je zweimal im Jahr tagen sollen. Und wenn sie dann über die vielen Probleme klagen, wenn sie sich aufregen über die Ignoranz der jeweils anderen Seite, über das typisch Französische und das typisch Deutsche, dann sind sie richtig davor, dann bearbeiten sie die Unterschiede, um sie kleiner werden zu lassen. Die Zeit der wohlfeilen Phrasen geht zu Ende.

3   Deutschlands Strategiedebatte

Ist Amerika der Maßstab?

Ehrlich gesagt habe ich mich immer ein bisschen gewundert, wenn ich auf das Klischee gestoßen bin, in Deutschland gebe es keine strategische Community, keine sicherheitspolitischen Thinktanks, keine ordentliche Debatte. Armes Deutschland! Viele einschlägige Wissenschaftler, Großjournalisten und Ex-Militärs redeten und reden gerne so. Sie können das auch auf Englisch sagen. Der angelsächsische Diskursraum gilt für größere Teile unserer Expertenschaft sowieso als das Ideal schlechthin. Und wir haben übrigens tatsächlich ziemlich viele Experten.

Auf einer dieser Expertenkonferenzen, auf der es darum ging, bei der renommierten Deutschen Gesellschaft für Auswärtige Politik (DGAP) eine neue Zeitschrift für strategisches Denken, *Sirius*, vorzustellen, habe ich versucht, in meinem Vortrag die beiden Fragen, die sich mit diesem Stereotyp vom Mangel-Deutschland und vom Ideal-Amerika verbinden, aus meiner Sicht zu beantworten: Stimmt das Klischee überhaupt? Und warum ist es so beliebt?

Um mit dem Offensichtlichen zu beginnen: Die gewaltigste, berühmteste und traditionsreichste politisch-strategische Großveranstaltung der Welt findet jedes Jahr in Deutschland statt. Das ist die Münchener Sicherheitskonferenz, früher Wehrkundetagung. Nun kann man deutsche Bundeskanzler, amerikanische Vizepräsidenten, russische Präsidenten, chinesische Außenminister oder israelische Verteidigungsminister, die Generalsekretäre von UN und Nato, EU-Kommissare und friedliebende Weltreisende wie Bill Gates allesamt für strategische Scharlatane halten, aber man kann auch finden, dass München der grandioseste Jahrmarkt der unterschiedlichsten strategischen Denkansätze weltweit ist. Ich glaube, „München", immer vorbereitet von einem deutschen Team, finanziert mit deutschem Geld, zählt. Ein Punkt für Deutschland als strategischer Debattenort.

Und die Community-Angehörigen, die so routiniert die Existenz einer deutschen *strategic community* bestreiten, wissen im Übrigen aus ihren eigenen Terminkalendern, dass es noch eine Vielzahl weiterer strategischer Jahreskonferenzen mit Dolmetscherkabinen in Deutschland gibt, nicht nur in München und Berlin. Geredet wird reichlich. Wir haben keinen Mangel an Events.

Aber unsere kümmerliche Thinktank-Landschaft! sagen die deutschen Fachleute. Ja, die Amerikaner haben das Wort Thinktank erfunden, und die Liste der einschlägigen amerikanischen Institute und Organisationen liest sich beeindruckend, vom *Center for Strategic and International Studies* über Brookings und Carnegie, Rand, Woodrow Wilson und den *Council on Foreign Realtions* bis zur Heritage Foundation und zur Hoover Institution.

Ich habe bei einer Recherche zu anderen Zwecken vor ein paar Jahren mal ein Ranking der „45 besten Denkfabriken in Bereich Außen- und Sicherheitspolitik" gefunden. Da waren sechs US-Thinktanks unter den ersten zehn, dazu zwei britische, also achtmal englischsprachig, plus einmal Schweden (SIPRI) und einmal Deutschland (SWP). Die DGAP war hier auf Platz 16 gerankt, weiter hinten kamen dann noch mal sechs deutsche Institutionen. Insgesamt war Deutschland unter diesen 45 Denkfabriken also mit acht Einrichtungen vertreten, die USA mit 18. Vom Größenverhältnis der beiden Länder aus betrachtet, wäre das für uns gar nicht mal so schlecht. In dem aktuellen globalen Thinktank-Index 2018 der Universität von Pennsylvania sind fünf deutsche Institutionen unter den besten 50. Das sind zehn Prozent – auch nicht übel.

Aber im Ernst, nach meiner Wahrnehmung ist zum Beispiel die deutsche Forschungslandschaft im Bereich Außen- und Sicherheitspolitik sehr vielfältig und föderal gut aufgestellt. Was fehlt, ist vielleicht eine besonders starke Finanzierung und Personalausstattung bei den Spitzeninstitutionen wie etwa der DGAP oder der SWP (Stiftung Wissenschaft und Politik) oder universitäre Lehrstühle, die sich mit Geopolitik befassen. Auch die regierungsoffizielle BAKS (Bundesakademie für Sicherheitspolitik) könnte man hier noch stärker machen. Aktive Soldaten könnten sich im Sinne des „Staatsbürgers in Uniform" stärker an der öffentlichen Debatte beteiligen. Und einmal alle vier Jahre sollte es verbindlich wieder ein Weißbuch zur sicherheitspolitischen Lage und zur Zukunft der Bundeswehr geben. Da wäre noch ein bisschen Luft nach oben.

Was aber Deutschland von allen vergleichbaren und nicht vergleichbaren Nationen unterscheidet, ist der gewollt pluralistische Ansatz, den insbesondere unsere politischen Stiftungen verkörpern. So breit gibt es das nirgendwo auf der Welt und so global präsent auch nicht. Die Friedrich-Ebert-Stiftung unterhält weltweit über 100 Auslandsbüros, ebenso die Konrad-Adenauer-Stiftung, bei der Heinrich-Böll-Stiftung sind es knapp 40. Dazu die Büros der Friedrich-Naumann-Stiftung, der Hanns-Seidel-Stiftung, der Rosa-Luxemburg-Stiftung. Alle beschäftigen sich *auch* mit sicherheitspolitischen Analysen, saugen Sichtweisen und Argumente aus diesen fremden Hauptstädten auf – für unsere sicherheitspolitische Diskussion hier in Deutschland und in Europa.

Neben den Kontakten, die unsere Botschaften und Militärattaché-Stäbe pflegen, sind die politischen Stiftungen unsere fein kalibrierten deutschen Sensoren für die Welt. Wenn Amerika so etwas hätte, hätte ich es in den letzten zwei Jahrzehnten im Bundestag irgendwann einmal mitbekommen müssen.

Unsere christdemokratischen, sozialdemokratischen, liberalen, christlich-sozialen, grünen und sozialistischen Stiftungen bringen auch operativ die Unter-Communities immer wieder zusammen: zum Beispiel SPD-Abgeordnete mit französischen Sozialisten oder Macron-Leuten, mit Thinktankern, Journalisten, Diplomaten. Und mit polnischen und britischen und israelischen Meinungsmachern und Entscheidern. *Cercle stratégique* oder *deutsch-polnisches Tandem* heißen dann diese Formate mit jeweils 25 bis 100 Diskutanten. Die Gesamtkosten übernimmt Deutschland. Dafür werden die Stiftungen aus dem Bundeshaushalt bewusst gefördert.

Mein Eindruck ist, dass zum Beispiel deutsche Parlamentarier und Regierungsmitglieder (auch von unseren 16 Landesregierungen) mehr in andere Länder reisen und dort Gespräche führen als die Kollegen von irgendwo sonst. Gar kein Vergleich zum Beispiel mit den amerikanischen

Abgeordneten, die strukturell sehr häuslich sind. In den Medien werden solche Reisen bekanntlich gern kritisiert. Aber die ganz selbstverständliche deutsche Kontaktfreude fördert einen Blick auf die Welt, der unserem Land und unseren internationalen Beziehungen ganz bestimmt sehr gut-tut.

So viel zum Klischee des deutschen Mangels an Praxis und Potenzial zum strategischen, internationalen Denken und Reden. Das deutsche Expertenlamento klingt manchmal ein bisschen so wie in dem Monty-Python-Film *Leben des Brian* die berühmte Szene „Was haben die Römer je für uns getan?"

Warum ist dieses seltsame Klischee dann trotzdem so beliebt? Kann es sein, dass mancher Teilnehmer an der tatsächlich stattfindenden Debatte in Deutschland eigentlich sagen möchte, es ist die *falsche* strategische Debatte, es sind die *falschen* Themen, die *falschen* Ergebnisse, die *falsche* deutsche politische Praxis? Gerade diejenigen, die immer das angelsächsische Vorbild hochhalten, wünschen sich vielleicht *andere* deutsche Ergebnisse, eine *andere* strategische Orientierung.

Wenn der amerikanische Politikwissenschaftler Robert Kagan die USA mit dem Kriegsgott Mars und Europa mit der Liebesgöttin Venus assoziiert, um die Unterschiede in den strategischen Kulturen maximal plakativ herauszuarbeiten, dann hat er da einen Punkt: Es geht ganz bestimmt um unterschiedliche strategische Kulturen. Und auch in Kontinentaleuropa ist nicht alles „Venus", was Mitglied in der EU ist.

Ich bin bei meinen Besuchen unserer Soldatinnen und Soldaten in den Einsatzgebieten auf dem Balkan, in Afghanistan und in Afrika gelegentlich auf britische und amerikanische Gesprächspartner getroffen, die fragten: Warum seid ihr Deutsche so zurückhaltend mit eurem Militär? Der Subtext lautete: Haut mal drauf, verdammt! Wir wissen, dass ihr das könnt!

Nicht jeder Diskursteilnehmer im Ausland ist sich der historischen Gründe für Deutschlands wahrlich gut begründete Kultur der militärischen Zurückhaltung immer so bewusst, wie wir Deutsche es sein müssen. Wir haben im 20. Jahrhundert andere Erfahrungen mit Schuld und Krieg gemacht. Die angelsächsischen Demokratien waren die einzigen, die –

selbst niemals besetzt – ihr Militär als Expeditionsstreitkräfte konfliktbeendend einsetzen konnten, eingesetzt haben. Sie waren und blieben Demokratien, auf der richtigen Seite, am Ende siegreich. Die Welt hat ihnen und ihrem Militär unendlich viel zu verdanken. Das aber prägt das Bild vom Einsatz militärischer Mittel in der angelsächsischen strategischen Kultur noch heute.

Deutschlands Staatsräson der Gegenwart ist aus gutem Grund ein möglichst effektiver Multilateralismus, ist das Streben nach einer Verrechtlichung der internationalen Beziehungen. Wertgebundene Außenpolitik ist uns lieber als reine Realpolitik, als Einflusssphärenpolitik, als Machtpolitik. Die Maxime *Germany first* wäre keine Option, nie wieder.

Im Vorwort zu den Leitlinien der Bundesregierung unter dem Titel „Krisen verhindern, Konflikte bewältigen, Frieden fördern‘ schreibt Bundeskanzlerin Angela Merkel im September 2017, Deutschland folge der „Perspektive eines nachhaltigen Friedens“: „Dies bedeutet einerseits mitzuhelfen, den Ausbruch von Krisen möglichst zu verhindern sowie Konflikte friedlich zu lösen. Andererseits gilt es im Falle gewaltsamer Auseinandersetzungen akute Not zu lindern und darüber hinaus vermittelnd und deeskalierend Einfluss zu nehmen. Angesichts vielfältiger Wirkungszusammenhänge und komplexer Unwägbarkeiten ist das sicherlich leichter gesagt als getan. Ursachen und Dynamik der Konfliktentstehung und -entwicklung in fragilen Staaten oder Regionen sind von außen oft schwer vorherzusehen und noch schwieriger zu durchschauen. Jedes noch so gut gemeinte Engagement in Krisen und Konflikten birgt Risiken, kann unbeabsichtigte Wirkungen nach sich ziehen und ist mit Zielkonflikten verbunden, die sorgsam abgewogen werden müssen.“

Eine der spezifisch deutschen Institutionen, die hier in den letzten Jahren Herausragendes geleistet haben, ist das ZIF, das Zentrum für Internationale Friedenseinsätze. Seit 2004 gibt es einen nationalen „Aktionsplan zivile Krisenprävention“, über den die Regierung dem Bundestag regelmäßig berichtet, und im Parlament selbst einen Unterausschuss „Zivile Krisenprävention, Konfliktbearbeitung und vernetztes Handeln“.

Bewertet man die strategischen Kulturen Deutschlands und der USA, so würden *wir* heute vielleicht kritisieren, dass die USA oft zu militärorientiert sind. Für jede Krise in jedem Winkel der Welt gibt es immer eines von sechs militärischen US-Regionalkommandos wie US-EUCOM, US-CENTCOM oder US-PACOM, das zuständig ist für eine militärische Option. Aber der Erfolg militärischer Interventionen in den Zeiten des sogenannten *war on terror* scheint noch nicht durchschlagend gewesen zu sein, bisher.

Kritik an der *deutschen* strategischen Kultur geht dagegen eher in die Richtung, Deutschland sei zu machtvergessen, pflege geradezu eine Militärphobie, Deutschland benenne seine nationalen Interessen nicht offen. Ich glaube allerdings, unsere deutschen nationalen Interessen decken sich sehr weitgehend mit denen unserer meisten Partner in Europa, oft eigentlich auch mit denen der USA, Kanadas, Australiens oder Japans, mit denen wir gemeinsame Werte teilen – das normative Projekt des Westens. Es sind auch keine deutschen nationalen Sonderinteressen in Sicht, die wir unilateral *militärisch* gegen andere verteidigen müssten oder wollten. Keine Sonderwege, keine Alleingänge.

Ist diese deutsche strategische Kultur ein Problem für die Welt oder für Deutschland? Nein, das Gegenteil ist der Fall. Es gibt seit Jahren eine weltweite Umfrage der britischen Rundfunkanstalt BBC, welches Land einen guten Einfluss auf die Weltpolitik hat. In 19 großen Ländern wird gefragt. Und wer war und ist da bei jeder Umfrage vorne, auf Platz eins oder zwei? Deutschland. Mal vor, mal hinter Kanada. Die USA und China in der Mitte. Nordkorea und der Iran am Ende. Mehr gutes Ansehen in der Welt kann man nicht wollen. Deutschlands Rolle als Exportweltmacht, als vertrauenswürdiger ehrbarer Makler ist keine Selbstverständlichkeit, sondern hart erarbeitetes Glück.

Wir wissen, dass wir militärische Solidaritätsverpflichtungen haben in Nato-Europa, in EU-Europa, für die UN. Nach der Zeitenwende von 2014 investieren wir nun deutlich mehr in die Verteidigung. Unsere Bundeswehr muss erstmals in der Geschichte beides können: weltweite *Out-of-area*-Einsätze mit überschaubaren Kontingentbeiträgen, wie sie sich in den letzten zweieinhalb Jahrzehnten entwickelt haben, und kollektive Verteidigung in Europa mit der ganzen Bundeswehr.

Klar sollte sein, dass wir in den Bündnissen alle die gleichen Risiken tragen wollen. Wollen müssen! Wenn wir mitentschieden haben, dass das Bündnis, sei es die Nato, sei es die EU, sich militärisch engagiert, dann müssen wir alles dazu beitragen, was erforderlich ist, damit wir gemeinsam wirklich erfolgreich sind. Das betrifft *hard power* wie auch *soft power,* denn in jedem Fall gehören immer auch erhebliche nichtmilitärische Anstrengungen dazu, wenn wir uns engagieren. Diese Lektion dürften wir aus den Antiterror-Interventionen des Westens gelernt haben.

Immer mehr muss jetzt die EU ein internationaler Akteur werden auch als militärisches Bündnis, als europäischer Pfeiler unserer transatlantischen Allianz. Die europäische *Global Strategy* vom Juni 2016 – noch vor Trump – spricht von dem Ziel „strategischer Autonomie" für Europa. Daraus ergibt sich im Bereich des Militärischen eine große Integrationsaufgabe. Es geht um die Selbstbehauptung Europas in turbulenten Zeiten. In allen EU-Mitgliedsstaaten befürworten Bevölkerungsmehrheiten bei jeder Umfrage diesen Kurs: mehr Europa in der Verteidigung. Ist das die falsche Strategie? Ich glaube nicht.

Das Militärische in der Außenpolitik

Als Bundespräsident Joachim Gauck, Außenminister Frank-Walter Steinmeier und Verteidigungsministerin Ursula von der Leyen auf der Münchener Sicherheitskonferenz 2014 drei offenbar gut aufeinander abgestimmte Reden hielten, löste das in der deutschen Öffentlichkeit zunächst eher Verwirrung aus, als dass es so verstanden wurde, wie es gemeint war – als neuer Beitrag zur Klärung der deutschen Verantwortung in der internationalen Politik.

Es sei den Rednern um mehr deutsche Militäreinsätze in der Zukunft gegangen, lautete zunächst der kritische Medientenor. Ein Ende der „Kultur militärischer Zurückhaltung" wurde in die choreografierten Konferenzauftritt hineininterpretiert. Aber darum ging es den Dreien sicher nicht.

Steinmeiers Kernsatz hieß: „Deutschland muss bereit sein, sich außen- und sicherheitspolitisch früher, entschiedener und substanzieller einzubringen." Und was das Militär angeht: „Allerdings darf eine Kultur der Zurückhaltung nicht zu einer Kultur des Heraushaltens werden. Deutschland ist zu groß, um Weltpolitik nur von der Außenlinie zu kommentieren."

Bundespräsident Gauck formulierte fast wortgleich: „Die Bundesrepublik sollte sich als guter Partner früher, entschiedener und substanzieller einbringen." Und: „Gleichgültigkeit ist für ein Land wie Deutschland keine Option, weder aus sicherheitspolitischer noch aus humanitärer Sicht."

Bei Ursula von der Leyen schließlich hieß es: „Deutschland ist stark in Europa, aber vor allem ist Deutschland stark durch Europa und durch die Nato. Wir werden dies nie vergessen."

Dieses Postulat einer selbstbewussten deutschen Außen- und Sicherheitspolitik will nicht hin zu einem kraftmeiernden Militärinterventionismus – tatsächlich waren am Jahresende 2014 von den 180.000 Bundeswehrsoldaten so wenige außerhalb des Bündnisgebiets im Ausland eingesetzt wie seit beinahe 20 Jahren nicht mehr, genau 2.659 (inzwischen sind es wieder einige Hundert mehr) –, sondern es geht darum, das jeweils erforderliche deutsche Engagement offen zu vertreten. Zu den Lebenslügen vergangener Bundesregierungen gehörte es ja, bei der Frage von Militäreinsätzen stets so zu tun, als werde Deutschland von den Bündnispartnern eigentlich gegen seinen Willen gefordert und gedrängt.

Zu oft haben Verantwortliche hierzulande sich hinter den Bündnissen versteckt, frei nach dem Motto: Wir müssen erst mal hören, was die Nato von uns will oder was die EU beschließt. Dabei sitzt Deutschland als größte EU-Nation und zweitgrößtes Nato-Mitglied bei jeder Bündnisberatung von Anfang an mittendrin, macht Vorschläge und gilt bei der gemeinsamen Positionierung von EU oder Nato als mit ausschlaggebende Stimme. Gegen Deutschland wird nichts beschlossen. Unsere Sicherheitsbündnisse stehen uns nicht fremd gegenüber, sondern wir sind ein starker mitentscheidender Teil von ihnen. Das schlägt sich tatsächlich auch in der Praxis der Beratungen und Verhandlungen dort nieder, aber die Außendarstellung war in der Vergangenheit oft sehr defensiv und verschämt: als ob es uns besonders unangenehm sein müsste, gemeinsam mit unseren Partnern an der einen oder anderen Stelle einen auch militärischen Beitrag zu Frieden und Sicherheit zu leisten.

Wir wollen ausdrücklich keinen deutschen Sonderweg für uns in Anspruch nehmen. Wir gestalten mit, nicht großspurig, aber selbstbewusst – und in aller Offenheit. Wir wollen die öffentliche außenpolitische Diskussion nicht vermeiden, sondern führen. Dabei haben gegenwärtig einige besonders wichtige deutsche Beiträge zur Sicherheit in Europa und der Welt mit Militär zunächst einmal nichts zu tun, so bei der Gesprächs- und Verhandlungsdiplomatie in Sachen Russland/Ukraine, im Iran-Konflikt oder beim Taliban-Poker an neutralen Konferenzorten.

Aber auch wenn es um die Teilnahme deutscher Soldaten an einer internationalen Mission geht, lohnt es sich, genau hinzuschauen. Es gibt sehr unterschiedliche Typen: Kampfeinsätze (Kosovo 1999, teilweise Afghanistan, Anti-Piraterie), Stabilisierungsmissionen (Balkan), Überwachung (UNIFIL vor der libanesischen Küste, Sudan, Südsudan), Ausbildung (Mali, Somalia, Irak, Niger), humanitäre Hilfe (Ebola-Einsatz in Westafrika), dazu Bündnisverpflichtungen wie Nato-Luftabwehr in der Türkei, *Air Policing* im Baltikum oder unser Litauen-Bataillon für die verstärkte Vornepräsenz im Osten.

Der differenzierte Blick zeigt, dass längst nicht jede Entsendung von Bundeswehrpersonal ins Ausland eine Ultima-ratio-Maßnahme ist. Oft kommt es darauf an, zum richtigen Zeitpunkt das Richtige zu tun. So begann die Bündnismission in Mazedonien 2001 bis 2003 genau rechtzeitig, um es gar nicht erst zum Ausbruch von innergesellschaftlichen Feindseligkeiten kommen zu lassen. Und die Stabilisierungsmission KFOR im Kosovo war bereits an dem Tag erfolgreich, als die internationale Truppe mit schwer gepanzerter Präsenz im Land komplett aufmarschiert war und jeder sehen konnte, dass das Morden vorbei sein musste.

Einsatz von Militär multinational und unter UN-Mandat heißt in vielen Fällen gerade nicht kämpfen, sondern kampfstarke Präsenz oder Abschreckung durch Stärke, um nicht kämpfen zu müssen. Auch darüber sollten wir sprechen: dass der Einsatz von Militär ganz unterschiedliche Formen kennt, und dass es nach den Erfahrungen unserer Bundeswehr gute Erfolgsgeschichten gibt (Balkan, UNIFIL, Anti-Piraterie), die wir weitererzählen sollten. Und es gibt andere schwierige Einsatzgeschichten, aus denen wir lernen müssen, zum Beispiel Afghanistan, damit künftige Missionen unter besseren Bedingungen erfolgreich sein können – zum Beispiel in Mali.

Deutsche Literatur zur Weltlage

Um mich herum liegen auf meinem Schreibtisch ausgebreitet deutsche Bücher zur aktuellen Außen- und Sicherheitspolitik, Neuerscheinungen aus dem letzten Jahr. Man muss sie stapeln, damit alle Platz finden. Und sicher habe ich nicht einmal alles Neue präsent. Sehr gern gelesen habe ich *Weltordnung ohne den Westen? Europa zwischen Russland, China und Amerika* von Gernot Erler, dem sozialdemokratischen Ex-Staatsminister. Er erklärt ohne staatsmännische Attitüde, wie die tektonischen Platten der Weltpolitik sich heute zum Nachteil Europas verschieben, wenn wir nicht gegensteuern.

Ein Lese-Muss für die Expertenrepublik wie für eine breitere interessierte Öffentlichkeit ist Wolfgang Ischingers *Welt in Gefahr. Deutschland und Europa in unsicheren Zeiten.* Ischinger, pensionierter Spitzendiplomat und Vorsitzender der Münchener Sicherheitskonferenz, kennt Gott und die Welt, und er ist sprechfähig zu jeder Krise, jederzeit.

In eine ähnliche Richtung gehen die Bücher des Journalisten Christoph von Marschall, *Wir verstehen die Welt nicht mehr. Deutschlands Entfremdung von seinen Freunden,* und des ehemaligen SPD-Vorsitzenden und Außenministers Sigmar Gabriel, *Zeitenwende in der Weltpolitik. Mehr Verantwortung in ungewissen Zeiten.*

Eine etwas andere Sichtweise präsentiert ein von Egon Bahrs Witwe Adelheid Bahr herausgegebener Sammelband *Warum wir Frieden und Freundschaft mit Russland brauchen* mit Beiträgen von Matthias Platzeck, Peter Gauweiler, Antje Vollmer, Oskar Lafontaine, Peter Brandt und anderen. Noch eine Alternative bietet der Professor für französische Literatur- und Landeswissenschaft Volker Steinkamp mit *Foreign Affairs. Kritische Betrachtungen zur Außenpolitik.* Er hält dem deutschen Primat einer wertegebundenen Außenpolitik entgegen: „Mit dem Verlust seiner Vormachtstellung sollte für den Westen daher der historische Moment gekommen sein, sich endlich von seinem säkularen Universalismus zu verabschieden".

Dieses schwierige Verhältnis zwischen reiner Realpolitik, wie die USA, China und Russland heute ihr Ringen um Macht und Einflusszonen möglicherweise verstehen, und dem Universalismus unveräußerlicher Menschenrechte und Grundfreiheiten als Basis der internationalen Politik reflektiert der Diplomat a. D. Volker Stanzel in seinem Buch *Die ratlose Außenpolitik.*

In der Tradition von Heinrich-August Winkler und Herfried Münkler ordnet der einer jüngeren Historikergeneration angehörende Andreas Rödder, Vorstandsmitglied der Konrad-Adenauer-Stiftung, die heutige Verantwortung der Deutschen für Frieden und Freiheit in die Erfahrungen ihres langen Wegs nach Westen ein. Rödders Titel: *Wer hat Angst vor Deutschland? Geschichte eines europäischen Problems.*

Speziellere Literatur zu deutschen auswärtigen Gegenwartsproblemen bieten etwa die Politologen Michael Staack und Sonja Nietz mit ihren Studien zum Thema *Deutsche Politik in Westafrika / Der Friedensprozess in Mali* oder die Juristen Sebastian Graf von Kielmansegg, Heike Krieger und Stefan Sohm mit dem von ihnen herausgegebenen Sammelband *Multinationalität und Integration im militärischen Bereich. Eine rechtliche Perspektive.* Die Produktion der deutschen Hochschulwissenschaft, der Stiftungen und Spezialinstitute sowie von erfahrenen Praktikern aus Diplomatie und Politik ist extrem umfangreich und plural. Alle zitierten Titel sind 2018 und 2019 erschienen – wie auch das nützliche, solide Überblickswerk *Sicherheitspolitik verstehen. Handlungsfelder, Kontroversen und Lösungsansätze* des Politikprofessors und Vorsitzenden der Gesellschaft für Sicherheitspolitik (GSP) Johannes Varwick und des ehemaligen Präsidenten der Bundesakademie für Sicherheitspolitik Generalleutnant a. D. Kersten Lahl.

Ein dicker schwarzer Band liegt noch ungelesen auf meinem Schreibtisch. Er ist von einem meiner Kollegen aus der Grundwertekommission der SPD geschrieben, dem Soziologen Hans Joas, im Jahr 2000 erstmals erschienen. Er heißt *Kriege und Werte. Studien zur Gewaltgeschichte des 20. Jahrhunderts.* Wir brauchen den nüchternen Blick der Soziologen, Politologen, Philosophen und Historiker auf unsere Zeit und auf die Bedingungen, unter denen wurde, was heute ist. Einer der Nüchternsten war der einst vor den Nazis geflohene deutsche Soziologe Norbert Elias, der in seinen *Studien über die Deutschen. Machtkämpfe und Habitusentwicklung im 19. und 20. Jahrhundert* (1989) und in *Humana Conditio. Betrachtungen zur Entwicklung der Menschheit am 40. Jahrestag eines Kriegsendes (8. Mai 1985)* die Bedingungen der Barbarei verstehbar macht – sodass wir vielleicht vermeiden können, dass solches Grauen sich, wo auch immer, wiederholt.

Parteien, Kontinuitäten und Zäsuren

Bundesdeutsche Außen- und Sicherheitspolitik zeichnet sich seit jeher durch eine bemerkenswerte Kontinuität und durch einen großen Konsens der staatstragenden politischen Kräfte aus. Die Westorientierung Adenauers samt Wiederbewaffnung vollzog die oppositionelle SPD nach heftigem innerem Ringen einige Jahre später politisch nach. Und Willy Brandts neue Ostpolitik – Entspannung, Aussöhnung und Wandel durch Annäherung – wurde nach dem Regierungswechsel von Schmidt zu Kohl mit den veränderten Mehrheitsverhältnissen von CDU/CSU und FDP ebenso bruchlos fortgesetzt.

CDU/CSU, SPD, FDP und Bündnis 90/Die Grünen stehen heute gleichermaßen für eine geschichtsbewusste, wertegebundene, im Westen verwurzelte, auf Ausgleich und Kooperation bedachte Sicherheitspolitik. Das ist nicht wenig. Stellvertretend für die ganze Linke mussten 1999 die Grünen den Richtungskampf zwischen Pazifisten und „Bellizisten" austragen (bis zum Farbbeutelwurf auf Außenminister Fischer auf dem beschlussfassenden Parteitag). Die Kosovo-Entscheidung von Rot-Grün zum Einsatz deutscher Tornado-Jagdbomber, um gemeinsam mit der Nato ein

Friedensabkommen durchzusetzen, markiert eine außenpolitische Zäsur, die zu einem neuen breiten Konsens führte. Afghanistan folgte 2001. Manche halten die Grünen inzwischen für die interventionsfreudigste deutsche Partei, weil es so viel weltweit zu schützen gibt, was den Grünen am Herzen liegt. Tatsächlich scheint die christdemokratische Bundeskanzlerin Angela Merkel zurückhaltender zu sein als die Schröder-Fischer-Regierung, wenn es um neue Zusagen für scharfe Missionen geht.

Und Rot-Grün steht zusätzlich für eine zweite Zäsur in der sicherheitspolitischen Verortung des wiedervereinigten Deutschland. Gerhard Schröders Nein zur deutschen Beteiligung an dem von Präsident George W. Bush geplanten US-Krieg gegen Saddam Husseins Irak demonstrierte den neuen außenpolitischen Spielraum des nun voll souverän gewordenen Landes, Wahlkampf hin oder her. Ein bisschen kläglich hingegen wirkte 2011 Deutschlands Enthaltung im Weltsicherheitsrat, als der Westen in Libyen intervenieren wollte und Berlin sich gemeinsam mit Peking und Moskau an die Seitenlinie stellte.

Schauen wir in die Grundsatzprogramme, Wahlmanifeste und Koalitionsverträge der vier Parteiströmungen, die seit 1990 in unterschiedlichen Konstellationen die Regierungen dieses größer gewordenen Deutschlands stellen, dann gibt es viel Übereinstimmung. Multilateralismus, Kooperation und Partnerschaft, Integration und Hilfe zur Selbsthilfe lauten die Stichworte. Alle erstreben eine Friedensordnung des Rechts und erteilen dem Recht des Stärkeren eine Absage. Das betrifft auch die militärische Annexionspolitik Russlands. Bei den Unionsparteien kommen die Belange einer einsatzfähigen Bundeswehr vielleicht auf mehr einzelnen Seiten vor als bei den anderen Parteien, aber in der politischen und fiskalischen Praxis pflegen alle seit Jahren ein pragmatisch auf Sicht fahrendes Verhältnis zu den Streitkräften. Keine Partei steht für massive Aufrüstung, keine für ein signifikantes Schrumpfen – angesichts der seit 2014 massiv gewachsenen Belastungen der Bundeswehr mit ihren Beiträgen zu *Out-of-area*-Missionen wie zur kollektiven Verteidigung in Europa.

Alle wollen die europäische Verteidigungszusammenarbeit vertiefen bis hin zur Europäischen Verteidigungsunion und am Ende einer Europäischen Armee, in der die nationalen Armeen der Einzelstaaten eines Tages aufgehen. In der Zeit des Vorsitzenden Kurt Beck kam mit seiner Hilfe die Europäische Armee als Fernziel in das neue Berliner SPD-Grundsatzprogramm 2009. Ich hatte damals mit einer interdisziplinären Arbeitsgruppe in der Bundestagsfraktion die Vorarbeit dazu koordiniert. Über unserem Papier stand schlicht: „Auf dem Weg zu einer Europäischen Armee". In mehreren Koalitionsverträgen findet sich seither die Formel von der Europäischen Armee. Oder auch: Armee der Europäer, wie es aus irgendwelchen Gründen der Rücksichtnahme auf vermutete Sensibilitäten anderer Regierungen 2017 hieß.

Außerhalb dieser bundesrepublikanischen Konsenskultur stehen im Deutschen Bundestag die Linkspartei und die Fraktion der rechtspopulistischen Alternative für Deutschland (AfD). Während die Linke bisher Rüstung, Bündnisverpflichtungen und Auslandseinsätze per se ablehnt und überwiegend ein affirmatives Verhältnis zu Russland befürwortet, gibt sich die AfD als Bundeswehr-freundliche Partei, die nationale Interessen hochhält und einzelne Auslandseinsätze abbrechen möchte, während sie andere bei Mandats-Abstimmungen im Parlament unterstützt. Sie ist gegen eine Europäische Armee und für ein Zugehen auf Russland.

Da absehbar keine der anderen Parlamentsparteien mit der AfD koalieren kann und will, wird von ihr auch kein Bemühen um eine Wende hin zum deutschen außenpolitischen Konsens zu erwarten sein. Anders stellt sich das für die Partei Die Linke dar, die Mitte 2019 an vier Landesregierungen beteiligt ist und in einem Bundesland sogar den Ministerpräsidenten stellt. Jene Teile der Partei, die auch auf Bundesebene eine Regierungsbeteiligung in einer Koalition mit SPD und Grünen anstreben, wissen, dass dafür insbesondere auf dem Feld der Außen- und Sicherheitspolitik neue Beschlüsse erforderlich sind. Solche Parteitags-Zerreißproben kennt die SPD aus der jüngeren Vergangenheit von ihrem mit knapper Mehrheit beschlossenen Ja zur möglichen deutschen Beteiligung an UN-Blauhelmeinsätzen 1991 und ebenso die Grünen von ihrem Kosovo-Sonderparteitag 1999.

Der grüne Außenminister Joschka Fischer hat sehr zurecht darauf hingewiesen, dass die beiden aus der Geschichte gelernten deutschen Imperative „Nie wieder Krieg!" und „Nie wieder Auschwitz!" in Widerspruch zueinander geraten können, wenn nur mit militärischer Gewalt das Morden zu stoppen ist. Beim Völkermord in Ruanda 1994 schaute die Welt weg – und schämte sich später zu Recht. Mit der neuen 2005 von der UN-Generalversammlung beschlossenen Rechtsfigur einer Schutzverantwortung der Völkergemeinschaft gegenüber innerstaatlichen Gräueln, der *responsibility to protect*, gibt es jetzt eine Legitimation und in gewisser Weise auch Verpflichtung zum Eingreifen, die die alte Nichteinmischungsdoktrin aus der Zeit des Kalten Krieges ablöst. Nichts ist damit einfach geworden, aber eher möglich. *R2P* lässt sich auch als eine Ausprägung der Verantwortungsethik des deutschen Exil-Philosophen Hans Jonas verstehen: In einer Notsituation hat derjenige, der in der Lage ist zu helfen, die Pflicht zu helfen. Du musst, weil du kannst!, lautet der verantwortungsethische Imperativ.

Vom Mythos der Operateure

Wenn aus dem Ausland von dortigen Militär-Communities auf das heutige Deutschland und seine Streitkräfte geblickt wird, dann sieht man dort ganz überwiegend etwas anderes als wir selbst. Dort sieht man ein in der Geschichte immer wieder als extrem leistungsfähig hervorgetretenes Militär, das zwar für falsche, auch verbrecherische Zwecke eingesetzt und am Ende von einer alliierten Übermacht geschlagen wurde – aber von den operativen Grundsätzen, von Ausbildung und Organisation will man schon gern lernen. Nicht umsonst sind in der Nato zentrale Positionen wie der Chef des Stabes im *Supreme Headquarters Allied Forces Europe* in Mons und der bei *Resolute Support* in Kabul, neuerdings auch der Chef des Stabes bei US-AREUR, dem amerikanischen Landstreitkräftekommando für Europa in Wiesbaden, „deutsche" Stellen.

Woher kommt dieser Mythos besonderer militärischer Leistungsfähigkeit? Es gibt wohl einen Begriff dafür, ein Thema, dessen Relevanz jedoch allenfalls in Fachkreisen als bekannt angenommen werden darf. In einer Rezension für die Zeitschrift *Berliner Republik* habe ich vor einigen Jahren anhand einer aktuellen Publikation des Militärgeschichtlichen Forschungsamtes einmal versucht, das Wesentliche herauszuarbeiten. *Mythos und Wirklichkeit* heißt das Werk, im Untertitel: „Geschichte des operativen Denkens im deutschen Heer von Moltke d. Ä. bis Heusinger". Dabei geht es um jene verhängnisvolle Militärdoktrin, die mehr als jede andere die Weltgeschichte zwischen 1866 und 1945 geprägt hat.

Mehrfach fasst der Autor dieser Studie, Gerhard P. Groß, die Parameter der preußischen Lehre des schnellen Krieges zusammen. Und die Zusammenfassung der Zentralbegriffe demonstriert in eigentümlicher Weise schon das Stakkato ihrer Anwendung: „Bewegung, Angriff, Schnelligkeit, Initiative, Freiheit des Handelns, Schwerpunkt, Umfassung, Überraschung und Vernichtung".

So siegten die Preußen in der größten Schlacht des 19. Jahrhunderts 1866 bei Königgrätz (gegen die Österreicher) und 1870 die Deutschen bei Sedan (gegen die Franzosen). So war der Schlieffen-Plan als Ur-Operation des Ersten Weltkrieges gemeint, und so funktionierten die Blitzkriege der Wehrmacht gegen Polen und Frankreich. Und erst recht entsprachen die ungeheuren Kesselschlachten 1941 nach Deutschlands Überfall auf die Sowjetunion dem Lehrbuch.

Die preußisch-deutsche Generalstabsschule des operativen Denkens ist konzipiert als Erfolgsrezept des armen Mannes, als Kriegsführungsmethode des zahlenmäßig Unterlegenen. Und wegen der deutschen Mittellage: als einzige Chance, einen Zweifrontenkrieg, wenn er denn nicht vermieden werden kann, zu gewinnen. Was dann allerdings beide Male – 14/18, 39/45 – doch nicht gelang.

Moltke der Ältere formulierte als Chef des preußischen Generalstabs erstmals 1859 die Prinzipien eines Aufmarsches für diesen Zweifrontenkrieg (gegen Frankreich und Österreich oder gegen Frankreich und Russland), nämlich „mit möglichst Wenigem Front nach der einen Seite zu machen, möglichst stark und schnell den Krieg nach der anderen Seite zu führen und dann zurückzuerobern, was inzwischen in der ersten Richtung verloren sein wird". Entsprechende Kriegspläne arbeitete er nach der Reichseinigung 1871 (gleichzeitig Russland und Frankreich), 1877 (erst Frankreich), 1879 (erst Russland) und 1888 (erst Russland) immer wieder neu aus.

Schnelligkeit und Beweglichkeit wurden hier zur Existenzbedingung eines erfolgversprechenden Einsatzes der Streitkräfte überhaupt. Mit den modernen technischen Möglichkeiten von Eisenbahn und Telegraf konnten große Truppenmassen ja neuerdings über große Entfernung von einer Front an die andere – auf der inneren Linie – verschoben und zentral geführt werden, präzise, minutiös: generalstabsmäßig.

Für Moltke bedeutete Operation zunächst Bewegung, getrennt marschieren, vereint schlagen. Das erforderte exakt ausgebildete Soldaten, sorgfältige Planung und überlegene Führung. Wer die Initiative hat, bestimmt Zeit und Ort: Zahlenmäßig überlegen sein muss er nur dort, wo er den Schwerpunkt setzt, wo er – möglichst überraschend – angreift. Wer beweglich und schnell ist, wird den Gegner nicht frontal angehen, sondern zu umfassen suchen, ihn von seinen rückwärtigen Verbindungen, von Nachschub und höherer Führung abschneiden.

Das größte Prestige kam den Befehlshabern und ihren Gehilfen im Generalstab, den Leitern der Operationsabteilungen, den Operateuren zu. Der erste Generalinspekteur der Bundeswehr, Adolf Heusinger, war im Krieg zuletzt Chef der Operationsabteilung im Oberkommando des Heeres gewesen. Der Kopf des militärischen Widerstandes gegen Hitler, Henning von Tresckow, hatte an der Ostfront dieselbe Funktion im Generalstab der Heeresgruppe Mitte.

Den Begriff der Operation siedelt Groß zwischen Taktik und Strategie an. Hervorgegangen aus der Taktiklehre bezeichnet Operation ein langfristiges, weiträumiges planmäßiges Vorgehen. Das schnelle Operieren aus der zahlenmäßigen Unterlegenheit, aus der deutschen Mittellage heraus war zur Zeit Bismarcks und Moltkes d. Ä. kein Konzept der Welteroberung. Die Schlachten gegen den ersten Gegner im Zweifrontenkrieg waren möglichst grenznah zu schlagen, nah am eigenen Nachschub und an den Transportmitteln für das baldige Hinüberwerfen zur bedrohten Front auf der anderen Seite. Das Ziel der Operation war stets die Zerschlagung der Haupt-streitmacht des Gegners, nicht die Eroberung und Behauptung von Raum.

Was Russland anging, so stand Moltke noch die Katastrophe von 1812 vor Augen, als ein französisch-europäisches Heer bis Moskau marschierte. Abgeschnitten von gesicherten Nachschubbasen trat dann die *Grande Armée* kämpfend den Rückzug an – und erfror im russischen Winter. Der Anfang vom Ende Napoleons.

Und die Geschichte wiederholte sich: Bereits wenige Wochen nach dem Beginn von Hitlers Russlandfeldzug meldete die Heeresgruppe Mitte einen Bedarf von täglich 30 Eisenbahnzügen für die Versorgung ihrer Armeen, genehmigt wurden 24, durchgeführt 18. Statt erwarteter 724 kamen bei der Heeresgruppe Süd im ganzen Oktober 1941 nur 195 Züge an. Und die weit vorgestoßene Truppe lag bis zu 750 Kilometer vor den Entladesta-tionen der Eisenbahn, ein Versorgungsdesaster. So nachzulesen in einem verdienstvollen Standardwerk des Militärgeschichtlichen Forschungsam-tes, der zehnbändigen Geschichte *Das Deutsche Reich und der Zweite Welt-krieg* (Band 4).

Sehr richtig arbeitet Gerhard P. Groß in seiner Geschichte des operati-ven Denkens ein fatales Doppelmissverständnis heraus, dem Staatsfüh-rung und Generalstab in Deutschland nach der Zeit von Moltke und Bis-marck mit den allerschlimmsten Folgen erlegen sind. Für das Kaiserreich auf dem Weg in den Ersten Weltkrieg wie für das Nazi-Reich auf dem Weg in den Zweiten war die erwiesene operative Überlegenheit des Heeres (Doktrin, Ausbildung, Führung) Anlass zu nationaler Hybris und Erobe-rungswahn. Die Heeresleitungen selbst dagegen hatten sich in ihrer Kon-zentration auf das operative Geschäft vom strategischen Denken sträflich verabschiedet.

Deutschland war, egal in welchen Bündniskonstellationen, nach Be-völkerungszahl und materiellen Ressourcen den Allianzen der potenziellen Kriegsgegner, spätestens wenn Amerika hinzutrat, eindeutig unterlegen. Krieg war zu vermeiden, nicht anzustreben. Nach Hitlers Machtergreifung haben die Generalstabschefs Hammerstein (1933) und Beck (1938) erwogen, die Kriegsgefahr durch Militärputsch zu beseitigen, taten es dann aber nicht.

Ohne dies besonders zu thematisieren, legt Groß in seinem Buch eine Parallele zur heutigen Zeit nahe, die ebenfalls die Bedeutung des Operationsdenkens relativiert: Schon 1870 war der Krieg in Frankreich mit der „entscheidenden" Sedan-Schlacht nämlich nicht vorbei. Was folgte, war ein Volkskrieg, der für den deutschen Generalstab nur schwer zu beherrschen war. Das gilt im 21. Jahrhundert auch für Partisanen-, Guerilla- und Terrortaktiken möglicher Gegner. Sie lassen sich militärisch-operativ kaum ausmanövrieren. Vom anderen Ende des Intensitäts-Kontinuums, dem Atomkrieg, gar nicht zu reden.

Welcher Doktrin die Briten selbst folgten, beschreibt Winston Churchill nicht erst in seiner Weltkriegsgeschichte, die von Geleitzügen und Ressourcenmobilisierungs-Konferenzen geprägt ist, sondern bereits in dem schon zitierten *Kreuzzug gegen das Reich des Mahdi*, 1899.

Wäre die Rückeroberung des Sudan damals ein deutsches Problem gewesen, hätten vielleicht vier brandenburgische Infanterieregimenter zügig beiderseits des Nil vorgehend unter größten Strapazen überraschend Omdurman erreicht, die Hauptstadt eingekesselt und die Mahdi-Streitmacht zerschlagen. Dann hätte man sich Gedanken über die Sicherung des Gewonnenen und den Rückweg durch die Wüste gemacht.

Die Briten taten etwas anderes. Sie bauten eine Eisenbahn. „An dem Tag, als der erste Zug voller Truppen im befestigten Lager am Zusammenfluss von Nil und Atbara einrollte, war das Schicksal der Derwische besiegelt. [...] Die Schlacht war noch nicht geschlagen, aber der Sieg bereits errungen", schreibt Churchill. Nicht geniale Operateure, sondern Ingenieure hatten ihn möglich gemacht.

Was sagt uns das heute? Die militärischen Kulturen, Verfahrensweisen und Erfahrungen, kurz: die Militärgeschichten (im Plural) der westlichen Bündnispartner von heute sind sehr unterschiedlich. Nationale Streitkräfte folgen oft sehr eigenen Rationalitäten, auch im 21. Jahrhundert. Strategische Debatten über militärische Integration dürfen deshalb nicht in luftleerem Raum, nicht unhistorisch geführt werden.

4 Mehr und mehr Inseln funktionierender Kooperation

Trendwenden für die Bundeswehr

Dass die Bundeswehr nach anderthalb Jahrzehnten des Schrumpfens in der Hoffnungsepoche nach dem Ende des Kalten Krieges heute ein paar heftige Probleme mit hohlen Strukturen bei Material und Personal hat, gehört in der deutschen Debatte inzwischen zum Allgemeinwissen. Und auch das nähere und fernere Ausland verfolgt die militärpolitischen Wasserstandsmeldungen aus Deutschland durchaus mit Interesse. In meinem Wehrbeauftragten-Bericht an den Deutschen Bundestag für das Jahr 2018 habe ich die Lage so zusammengefasst:

„Vieles muss und soll besser werden, damit unsere Soldatinnen und Soldaten ihrer heutigen Doppelaufgabe voll gerecht werden können: einen substanziellen Beitrag zur kollektiven Verteidigung in Europa zu leisten und gleichzeitig wie bisher an multinationalen Kriseneinsätzen außerhalb des Bündnisgebiets weltweit teilzunehmen. Viele Hebel wurden in Bewegung gesetzt, Papiere sind geschrieben, politische Beschlüsse gefasst, zusätzliches Geld steht in Aussicht, die Bundeswehr wird größer. Das ist anzuerkennen, Besserung scheint absehbar. Aber immer noch stehen zu viele, oft selbst gemachte bürokratische Hürden – alte und neue – auf dem Weg zur vollen Einsatzbereitschaft. Die Verwaltung des Mangels bleibt Alltag. Spürbar sind für viele Soldatinnen und Soldaten die kommenden Trendwenden bisher kaum. Die Belastung bleibt hoch, der Erwartungsdruck steigt.

In einem Rundbrief an die Angehörigen seines Verbandes schreibt 2018 ein Marinekommandeur: ,Wir bewegen uns ressourcenmäßig am Limit und leben von der Substanz. Anforderungen an uns, der tatsächliche Zustand unseres Materials und die Verfügbarkeit von Personal befinden sich nicht in der Waage, um die Einsatzbereitschaft im geforderten Umfang herzustellen und Belastungen ausgewogen zu verteilen.' Ein Thesenpapier des Heereskommandos analysiert: ‚Die derzeitige Beschaffungspraxis ist darauf ausgerichtet, Risiken möglichst auszuschließen, und strebt maximale (rechtliche) Sicherheit und Regelkonformität an. Immer komplexere, sich gegenseitig teils sogar widersprechende Regelungen erzeugen immer höheren sequenziellen Abstimmungsbedarf und vielfältige Schnittstellen.' Und der Luftwaffeninspekteur teilt im Sommer 2018 öffentlich mit: ‚Die Luftwaffe befindet sich an einem Tiefpunkt.'

Diese Ehrlichkeit ist gut. Sie ist existenziell für die Zukunft der Bundeswehr. Nichts kommt von selbst. Wer Verbesserungen will, muss Missstände ansprechen. Entscheidungen sind nötig. Abwarten kann keine Option mehr sein. Die Bundeswehr als Parlamentsarmee ist transparenter als die Streitkräfte anderer Nationen, die aber oft mit ganz ähnlichen Problemen kämpfen. Es entspricht unseren Prinzipien der Inneren Führung, Beschwerden und Hinweise der Soldatinnen und Soldaten ernst zu nehmen." Um ihre Rechte, um ihre bestmögliche Ausbildung, Aufstellung und Ausrüstung geht es mir in meinem Amt als Wehrbeauftragter des Deutschen Bundestages.

Weiter heißt es im Bericht, dass 2018 „fast alle an die Bundeswehr gestellten Aufgaben doch irgendwie gelöst wurden, hat ganz wesentlich mit der loyalen Professionalität und der Liebe zu ihrem Beruf zu tun, die Soldatinnen und Soldaten immer wieder Wege finden lassen, wo der ‚Dienstweg' einen manchmal verzweifeln lassen könnte. Als Haupthindernis für notwendige Verbesserungen erleben viele Soldatinnen und Soldaten die Überorganisation von allem und jedem. Sie sagen: ‚Wir verwalten uns zu Tode' und sprechen vom ‚Bürokratiemonster Bundeswehr' [...]. Zu viele Soldatinnen und Soldaten müssen täglich einen Teil ihrer Arbeitskraft an ungünstige Strukturen verschwenden. Für verschwenderischen Umgang mit den Ressourcen Geld und Zeit steht nicht zuletzt der Fall [des Segelschulschiffs] *Gorch Fock*. Er zeigt paradigmatisch die Diffusion von Verantwortung in einer zersplitterten Zuständigkeitskultur."

Aber immerhin: „Das Verteidigungsministerium hat im Berichtsjahr mit der Konzeption der Bundeswehr und dem neuen Fähigkeitsprofil die Strategie der Bundeswehr für die Zukunft festgelegt. Danach soll die Vollausstattung bis zum Jahr 2031 vollendet sein. Seit 2016 laufen die Trendwenden in den Bereichen Finanzen, Personal, Material und Infrastruktur. Mit all dem soll die Bundeswehr den gestiegenen Anforderungen an die Landes- und Bündnisverteidigung gerecht werden.

Welche Fortschritte sind im Einzelnen zu verzeichnen? Gute erste Schritte gibt es bei der Trendwende Finanzen. Wenn nach dem kräftigen Haushaltsplus für 2019 der Verteidigungsetat bis 2024 tatsächlich auf 1,5 Prozent der deutschen Wirtschaftsleistung steigt, wäre die Bundeswehr sowohl in der Lage, die wachsenden Personalkosten abzudecken, als auch die erkannten Lücken in der Ausrüstung zu schließen. [...] Die Rahmenbedingungen werden also besser." – Sie werden besser, wenn denn die Budgetsteigerung, wie in der Großen Koalition vereinbart, sich verstetigt. Wenn nicht, scheitern die Trendwenden.

Nun ist Deutschland nicht das einzige Land, das nach 1990 seine Streitkräfte massiv reduziert hat. Alle europäischen Nachbarn in West wie Ost wollten und konnten sparen und die „Friedensdividende" in zivile Aufgaben investieren. Auch Russland hat in den 1990er Jahren drastisch an militärischen Fähigkeiten eingebüßt, sogar die USA reduzierten ihr Militär, zunächst in Europa, wo einstmals 300.000 US-Soldaten stationiert waren (2019: noch 33.000 in Deutschland), dann auch zuhause, bevor der *war on terror* nach dem 9. November 2001 für die USA bereits eine fundamentale Trendwende brachte. *Nation building* in Afghanistan und im Irak, die Strategie der *Revolution in military affairs* und des *Network centric warfare*, das *Counter insurgency manual* (*Coin*) von General Petraeus die Reaktionen auf das *Hybrid-warfare*-Szenario der Russen sowie das Wettrennen um Cyber-Suprematie und KI-Überlegenheit kosten enorme Haushaltsmittel und garantieren den amerikanischen Streitkräften mit ihren gut 1,3 Millionen Soldaten Masse und Modernität.

Allerdings gibt es auch in den USA Sorgen um die Einsatzbereitschaft des eigenen Militärs. Die konservative Heritage Foundation veröffentlicht jährlich einen *Index of U.S. Military Strength*. Im 2018er Bericht moniert die Stiftung, dass das amerikanische Heer die Zahl seiner Kampfbrigaden seit 2012 von 45 auf 31 reduziert habe. Davon seien nur zehn tatsächlich einsatzbereit, von diesen wiederum nur drei *ready* für *fight tonight*. Heritage fordert eine Aufstockung der Heeresverbände auf insgesamt 50 *Brigade Combat Teams* (BCT). Zum Vergleich: Das deutsche Heer verfügt zurzeit über siebeneinhalb Brigaden, die allerdings jeweils größer sind als die amerikanischen BCTs. In den 1980er Jahren gab es 36 westdeutsche Kampfbrigaden des Feldheeres (plus sechs Heimatschutzbrigaden).

Umorganisation, Ressourcenknappheit, altersschwaches oder von Kinderkrankheiten gebeuteltes neues Material, Personalengpässe, erratische Führung – von all dem können alle Armeen des Westens (und die anderen auch) ein Lied singen, nicht nur die deutsche. Nicht überall allerdings wird so offen mit den Mangelanzeigen umgegangen. Unserer Bundeswehr steht vielleicht die härteste Öffentlichkeit der Welt gegenüber. Aber öffentliches Problembewusstsein hilft, Druck zu machen für Verbesserungen. Eine Mehrheit der Deutschen ist inzwischen dafür, etwas mehr Geld für eine etwas größere und besser ausgestattete Bundeswehr auszugeben. Ohne öffentlichen Rückhalt geht es nicht.

Auf einer Vortragsveranstaltung hat mich nach der Diskussion, schon bei Bier und Brezeln, ein Offizier des russischen Militärattaché-Stabes in Berlin gefragt, warum ich immer so pointiert die Defizite der Bundeswehr anspreche. Ich antwortete so etwas im Sinne von: „Damit sich niemand in die eigene Tasche lügt und man die Probleme schneller beseitigen kann" und fragte dann den Attaché: „Ist das bei Ihnen nicht auch so?" Die Antwort überraschte mich nicht wirklich: „Bei uns gibt es solche Probleme nicht."

Gemeinsame Bündnisverteidigung, gemeinsame Auslandsmissionen

Seit Juni 2014 steuert die Nato, steuert der Westen, steuert Europa um. Auf dem Nato-Gipfel von Wales wurde die kollektive Verteidigung für Europa reaktiviert. Als ich einige Wochen zuvor mit einer Delegation des Verteidigungsausschusses die Nato-Zentrale in Brüssel besuchte, standen Militärs und Diplomaten dort noch ganz im Bann der ukrainischen Tragödie.

Ein militärisches Eingreifen gegen die Atomsupermacht Russland kam nicht infrage, nur Diplomatie und Sanktionen. Aber wie sollte die Aggression dieses unberechenbar gewordenen Nachbarn vor allem gegenüber den osteuropäischen Nato-Partnern in Zukunft eingedämmt werden?

Das Bündnis hat sich in dieser Situation als sehr handlungsfähig erwiesen. Rotierende Übungstruppen im Baltikum und in Polen wurden beschlossen, außerdem eine verstärkte Vornepräsenz (*enhanced Foreward Presence/eFP*) durch vier Nato-Battlegroups im Umfang jeweils eines Kampftruppenbataillons und zusätzliche Stabselemente (*Nato Force Integration Units/NFIU*), die die Voraussetzungen für gegebenenfalls weitere Truppenverstärkungen schaffen sollen. Plus verstärktes *Air Policing*, also Schutz des Luftraums der baltischen Staaten durch den Einsatz von Jagdflugzeugen anderer Nato-Nationen. Dazu ein neues Konzept für die *Nato Response Force* (NRF), die jetzt eine schnelle Speerspitze die V*ery high readiness Joint Task Force* (VJTF), bekommt. Den ersten VJTF-Testverband verantwortete 2015 bereits die Bundeswehr. 2017 meldete das deutsch geführte Nato-Bataillon in Litauen als erster der vier *eFP*-Verbände die vollzogene Stationierung. Auch hier rotieren Personal und Material jedes halbe Jahr, um keine Dauerstationierung zu etablieren. Vom Umfang her bleiben die Truppen unterhalb der *No-substantial-combat-forces*-Grenze in der Nato-Russland-Grundakte. Sie sind bei Weitem nicht stark genug, um die bedrohten Länder gegen einen massiven Angriff wirksam zu verteidigen, aber als eine Art multinationaler Stolperdraht involvieren sie die ganze Allianz, wenn es zum Ernstfall käme. Neben Deutschland in Litauen haben als Rahmennation die USA in Polen, Großbritannien in Estland und Kanada in Lettland Verantwortung übernommen. Das heißt, Deutschland ist in diesem Vorneverteidigungsclub das einzige kontinentaleuropäische Land. Frankreich leistet zur Osteuropapräsenz kleinere Beiträge

Durch bilaterale Verträge mit etlichen europäischen Nato-Staaten haben die USA zusätzliche Rechte zur Stationierung oder Installation bestimmter militärischer Fähigkeiten erworben und dürften damit auch Verpflichtungen eingegangen sein, die der Sicherheit des jeweiligen europäischen Partners dienen, seien es von Alters her Island, Dänemark/Grönland und Norwegen oder heute Polen und Rumänien. Diese Schatten-Nato steht nicht wirklich in Konkurrenz zu den gemeinsamen Institutionen und Entscheidungsformaten der Allianz, aber ist doch immer ein zusätzlicher Faktor im transatlantischen Spiel der Kräfte. Die zusätzlichen vertraglichen Verpflichtungen der USA mit europäischen Einzelstaaten erhöhen jedenfalls die Verbindlichkeit des amerikanischen Engagements.

Um die Abschreckung maximal glaubwürdig zu machen, reichen allerdings symbolische nationale und multinationale Voraus-Kontingente, Verlegeübungen nach Estland und nach Norwegen und die 40.000 Soldatinnen und Soldaten starke NRF-Eingreiftruppe der Allianz (drei Brigaden plus Luft- und Seestreitkräfte) nicht aus. Wenn die NRF sich durch den Suwalki-Korridor, die Landenge zwischen der russischen Oblast Kaliningrad und Weißrussland, über die polnisch-litauische Grenze ins Baltikum gezwängt hat – war es das dann? Oder kommt noch etwas? In der Nato laufen die Planungen für die wieder aktuell gewordene Bündnisverteidigung unter den Stichworten *follow on forces*, Folgekräfte, und *larger formations*, Großverbände. Und im Moment gibt es da tatsächlich nicht sehr viel, was schnell greifbar und verlegefähig wäre. Bis zu drei US-Brigaden wären in Europa wohl relativ zügig verfügbar, aber das sind kaum mehr als 12.000 Soldaten am Boden. Zwischen 1990 und 2015 ist die Gesamtzahl der Kampftruppenbataillone in Nato-Europa von 649 auf 185 gesunken.

Ein neuerer Nato-Beschluss aus dem Jahr 2018 fordert von den Mitgliedern, innerhalb von 30 Tagen 30 weitere Kampftruppenbataillone, 30 Fliegerstaffeln und 30 Kriegsschiffe einsatzfähig melden zu können. Deutschland käme nach dem üblichen Nato-Proporz ungefähr auf eine Quote von zehn Prozent: 3 Bataillone, 3 Staffeln, 3 Schiffe. Das hört sich wenig an, aber der reale Heeresanteil zum Beispiel müsste, damit die Kampftruppe nicht in der Luft hängt, letztlich eine voll ausgestattete Brigade umfassen, einschließlich Logistik, Artillerie, Aufklärung, Pionieren und Sanitätsdienst. So eine autonom voll ausgerüstete Brigade versucht das Heer gerade aufzustellen – für die VJTF der *Nato-Response-Force* 2023. Die sofortige Vollausstattung einer zweiten schnellen Einsatzbrigade steht bis 2024 in keinem Plan der Bundeswehr. Sie müsste, wenn es hart auf hart käme, aus allen anderen Heeresverbänden zusammenleihen, was für die volle Einsatzbereitschaft erforderlich ist. Gelänge dies, ginge das nur auf Kosten des Gefechtswerts aller übrigen Truppenteile. Als Ganzes ist die Bundeswehr im Moment nicht einsetzbar, immer nur in überschaubar großen Kontingenten, wie es für die Zeit vor 2014 normal war, als multinationale Missionen außerhalb des Bündnisgebiets die eindeutige Hauptaufgabe unserer Streitkräfte waren.

Für die Nato-Planung hat Deutschland nun zugesagt, bis 2031 schrittweise drei moderne einsatzbereite Divisionen mit insgesamt acht bis zehn Brigaden in die kollektive Verteidigung der Allianz einzubringen; dazu vier *Air Task Forces* und 15 Kampfschiffe.

Drei Divisionen bis 2031 – das klingt für eine Armee, die im westlichen Teil Deutschlands einmal zwölf aktive Divisionen aufgestellt hatte und inklusive Territorialverteidigung im Ernstfall weit über eine Million Soldaten mobil gemacht hätte, nicht viel. Aber es wird ein Kraftakt, vom Etat über die Personalrekrutierung bis zum Beschaffungsmanagement. Nur bei der Organisation der Truppen wäre man frei, schnell übergangsweise bessere Strukturen einzunehmen.

Während die Wiederherstellung der Fähigkeit zur Teilnahme an der kollektiven Verteidigung für die heutige Bundeswehr wie für viele Bündnispartner eine neue Herausforderung darstellt, bleiben doch auch die alten Belastungen bestehen. Unser Afghanistan-Engagement geht ins 20. Jahr. In Mali und der Sahel-Region zeichnet sich jetzt schon eine ähnlich dauerhafte Aufgabe für die Bundeswehr ab. Auf dem Balkan kommt nach 20 Jahren ein Ende in Sicht. Aber im Nahen und Mittleren Osten, das heißt in Jordanien, im Libanon, im Irak und in Syrien bleiben vorerst alle Fragen offen. Die Marine meldet wegen schleppenden Zulaufs neuer Einheiten und Reparaturstau ihrer Schiffe diskret Land unter, das heißt: bitte keine großen Ambitionen über die bestehenden Mandate im Mittelmeer und im Indischen Ozean hinaus! Andernfalls müssen Prioritäten gesetzt, bereits eingegangene Verpflichtungen beendet, spricht: der Mangel verwaltet werden. Hinterm Horizont könnten neue Anforderungen auf Deutschland warten: Kommt es zu UN-Friedenstruppen in Jemen und in Syrien? Zu einem erweiterten EU-Engagement in Libyen? Was wird aus der deutschen Initiative für UN-Blauhelme in der Ukraine? Und wer schützt die Schifffahrt in der Straße von Hormus?

Interessant ist ein Blick auf die Entstehungsgeschichte der einen oder anderen deutschen Beteiligung an wichtigen multinationalen Missionen. Im Falle Afghanistans waren es die Feststellung des Bündnisfalls nach Artikel 5 des Nordatlantikvertrages, Bundeskanzler Schröders Zusage der „uneingeschränkten Solidarität" mit den terroristisch angegriffenen USA und die Festlegung des amerikanischen Präsidenten Bush auf eine militärische Interventions-*Coalition of the willing* in Afghanistan, die Deutschland 2001 an den Hindukusch brachten. Maßgeblich bestimmt haben den Gang der Dinge, siehe oben, über all die Jahre nicht Bündnisgremien, sondern die USA. Solidarität mit den USA stand für uns am Beginn dieses Weges, der für Deutschland sehr neu war.

In gewisser Weise ähnlich reagierte die deutsche Regierung nach den Terroranschlägen von Paris im November 2015. In Solidarität mit den angegriffenen Franzosen und auf deren Bitte hin folgte die Bundeswehr dem laufenden französischen Engagement gegen den IS im Nahen Osten und gegen die dschihadistischen Terrormilizen in Nord-Mali. Außerdem hatte Frankreich zum ersten Mal die Beistandsklausel nach Artikel 42 des EU-Vertrags aktiviert. Gute Gründe für ein neues, ganzheitliches und international vernetztes Engagement Deutschlands in der Sahelzone gibt es genug. Aber müsste einem anlassgetriebenen Hineinstolpern nicht alsbald eine realistische Konzeption folgen, zumal wenn Deutschland auf Dauer Verantwortung mit übernimmt? "Man kann nicht nichts tun" reicht nicht als Maxime. Wurde nicht eigens deshalb die Abteilung S, „Stabilisierung", im Auswärtigen Amt gegründet, um nicht wieder fassungslos zusehen zu müssen, wie über einem geschundenen Land, Afghanistan, das ganze internationale Chaos der Hilfe ausgeschüttet wird?

Müsste also Deutschland für das gute G5-Sahel-Gesamtprojekt nicht Koordination und Führung einfordern und anbieten? „Entschiedener und substanzieller", wie der damalige Außenminister Frank-Walter Steinmeier es in seiner Rede auf der Münchener Sicherheitskonferenz 2014 gefordert hatte? Es nützt ja nicht so übermäßig viel, wenn Projektleiter Erfolgsbericht auf Erfolgsbericht an ihre staatlichen Geldgeber in der Heimat schicken, während im Alltag vor Ort viele messbare Indikatoren ins Minus drehen, von Sicherheit bis Ökonomie. Wer Verantwortung übernimmt, muss führen wollen! Gemeinsam mit Frankreich, gegebenenfalls in Auftragsverwaltung für EU und UN. Dafür gibt es noch kein alltagstaugliches Modell, aber „Afghanistan" sollte jedenfalls nicht die Blaupause sein. Und hier, in Afrika, bestünde bei eher diskretem Engagement der USA die Chance auf die Entwicklung eines eigenen europäischen Musters.

Die normative Kraft des Faktischen

1,5 Millionen Soldatinnen und Soldaten gibt es – Stand Sommer 2019 – in den Mitgliedsstaaten der Europäischen Union. 1,4 Millionen dieser „EU-Soldaten" sind gleichzeitig auch „Nato-Soldaten". EU-Europa und Nato-Europa sind ziemlich deckungsgleich. Die USA unterhalten Streitkräfte mit 1,3 Millionen Soldaten, es ist *eine* Armee. Europa hat 32 verbündete Armeen, wenn man zu den 28 EU-Nationen noch die (bisher nur) Nato-Mitglieder Albanien, Montenegro, Norwegen und demnächst Nord-Mazedonien zählt, vom unbewaffneten Island ganz abgesehen. Dabei ist eine Armee kleiner als die andere. Selbst unter den größten ist keine wirklich größer als 200.000 Männer und Frauen. Polen hat 118.000, Portugal 27.000, Slowenien 7.000 und Norwegen 23.000 Soldaten. Das deutsche Fachwort dafür lautet Kleinstaaterei.

Auch die europäischen Sonderfälle Großbritannien und Frankreich mit ihren Atomwaffen, Stützpunkten und Flugzeugträgern wären allein nicht weltweit durchhaltefähig, wenn sie unilateral vorgehen wollten. Selbst das gesamte Nato-Europa wäre es im Moment nicht, wie die Libyen-Intervention gezeigt hat, die ohne amerikanische Hilfe sehr schnell zum Abbruch gekommen wäre. Aber dafür hat man ja Bündnisse, um nicht allein in der Welt zu stehen. Und Bündnisse sind umso effektiver, eindrucksvoller und abschreckender, je besser die Streitkräfte der einzelnen

Nationen miteinander verbunden sind, je höher der Grad der Interoperabilität und Standardisierung, je tiefer die Integration bei Ausbildung, Verfahren, Sprache und Führung ist.

Tatsächlich war der Grad der Zusammenarbeit in der alten Nato des Kalten Krieges in Westeuropa schon einmal wesentlich höher, als er es in der großen west-östlichen Allianz von heute ist. Die Gefahr des dritten Weltkrieges ließ nationale Besonderheiten an Bedeutung verlieren. Nach 1990 aber schien die Uhr lange Zeit rückwärts zu laufen. In West und Ost stand einer bindungslosen Renationalisierung wenig im Wege. Jedes nationale Militär sparte, wo es das für richtig hielt, verdoppelte sinnlose Strukturen und vertiefte Fähigkeitslücken, die andere schon aufgerissen hatten.

Und doch erfordert jeder Bündniszweck, spätestens seit 2014 wieder, die gemeinsame Handlungsfähigkeit, sei es im multinationalen *Out-of-area*-Einsatz, sei es bei der klassischen kollektiven Verteidigung. Es gibt im Westen Staaten, die auch außerhalb ihrer Bündnismitgliedschaft unilateral interventionsfähig sein wollen: Wie beschrieben sind das die USA, Großbritannien und Frankreich. Meistens schaffen es aber auch diese nicht allein, sondern nur in einer *coalition of the willing*. Auch die Türkei nimmt sich die Freiheit, in Syrien und im Irak nationale Sonderwege zu gehen. Aber alle anderen verschwenden keinen Gedanken an militärische Alleingänge, weder um in Konflikte irgendwo auf dem Globus einzugreifen, noch zur Verteidigung zuhause. Aus deutscher Perspektive gilt: Alles was wir militärisch tun, tun wir gemeinsam mit anderen im Bündnis, einerseits prinzipiell – und andererseits, weil es praktisch auch kaum anders ginge. Die Bundeswehr ist keine autonome Universalarmee, musste es schon in Zeiten des Kalten Krieges nie sein.

Im Weißbuch *Zur Lage und Entwicklung der Bundeswehr* von 1985 ist auf Seite 191 eine Karte Westdeutschlands abgedruckt. „Das Heer in der Vorneverteidigung" steht darüber. Die Karte zeigt die Gefechtsstreifen aller in der Bundesrepublik stationierten alliierten Korps entlang der innerdeutschen Grenze. Es beginnt im Norden mit einem deutsch-dänischen Korps, südlich der Elbe geht es weiter mit einem niederländischen, dann einem deutschen, dann einem britischen, dann einem belgischen, dann wieder einem deutschen Korps, dann kommen zwei amerikanische und schließlich ein deutsches Korps. In Reserve dahinter: Franzosen und Kanadier. So sah die westdeutsche Landesverteidigung aus.

An der Wand in meinem Büro hängt die Reproduktion einer Karte aus Beständen der ehemaligen Nationalen Volksarmee der DDR. Sie zeigt ebenfalls die innerdeutsche Grenze und viele rote Pfeile, die durch die Bundesrepublik Richtung Westen weit vorstoßen. Die Karte gehörte zur Übung „Waffenbrüderschaft 80" des Warschauer Pakts. Auch die NVA war in ein Bündnis hineingegründet worden, trotz des Namens wahrlich keine Armee für nationale Zwecke.

Noch eine dritte historische Reminiszenz: 2019 wurde in der Normandie der 75. Jahrestag des D-Day gefeiert, der geglückten Landung anglo-amerikanischer Truppen in Frankreich am 6. Juni 1944. In den Weltkriegsbänden von Churchills Erinnerungen lesen wir kapitelweise Erörterungen mit US-Präsident Roosevelt über die Organisation der zum gemeinsamen Kampf antretenden britischen und amerikanischen Kräfte. Die Landung durfte nicht fehlschlagen. Auf der anderen Seite des Kanals stand Rommel mit einer unkalkulierbar starken deutschen Verteidigung. Also musste eine wirkliche Allianz auf der Truppenebene von Hunderttausenden, später Millionen Soldaten geschaffen werden: taktische Verfahren, operatives Vorgehen, Befehlswege und Nachschub – nichts war einheitlich. Aber wie bei Apollo 13, das Eckige musste ins Runde, und am Ende passte es. Deshalb ging die Geschichte des 20. Jahrhunderts so weiter, wie wir sie kennen.

Alles spricht dafür, Streitkräfte am besten von Anfang an so zu organisieren, wie sie eingesetzt werden sollen. Krisenbewältigung *out of area*? Immer multinational! Landes- und Bündnisverteidigung? Immer multinational! Nur den Grundbetrieb, die Ausbildung, den Alltag gestaltet man streng national, als ob genau das den Kern der staatlichen Souveränität darstellt. Soll tatsächlich die nationale Hoheit über das Training der letzte Souveränitätsanker sein? *Train as you fight* lautet eine der neueren multinationalen Maximen aus den Einsatzerfahrungen der letzten Jahrzehnte. Das müsste natürlich in der einsatzvorbereitenden Ausbildung für Mali und Afghanistan gelten. Aber auch Bündnisverteidigung trainiert man am besten gemeinsam, so wie im Herbst 2018 mit dem seit langem größten Nato-Manöver *Trident Juncture* in Norwegen, eine Verlegeübung für Zehntausende von Soldaten aus aller Herren Länder einbegriffen.

Ist jetzt also schon der Zeitpunkt gekommen, die vielen militärischen Einzelteile in Europa zum kompletten Ganzen einer Europäischen Armee zusammenzufügen? Ich glaube nein. Timing ist wichtig. Und zum gegenwärtigen Zeitpunkt würden europäische Verhandlungen über die Gründung einer Europäischen Armee eher Abstoßungsreaktionen, Zwietracht und Verhärtungen hervorrufen. Großbritannien wäre erklärtermaßen ohnehin nicht dabei, der Osten könnte mauern, Frankreich ist aller Rhetorik zum Trotz selbst noch nicht so weit, und eine europäische Armeegruppe nur um Deutschland herum wäre zu wenig.

Nicht dass man sich prinzipiell nicht einigen könnte. Frankreich, Deutschland, Italien, die Niederlande, Belgien und Luxemburg hatten bekanntlich 1952 schon einmal einen Vertrag zur Gründung einer Europäischen Verteidigungsgemeinschaft (EVG) geschlossen, als „Europäische Verteidigungsstreitkräfte" dem Nato-Oberbefehlshaber (SACEUR) direkt unterstellt. Da war alles geregelt, von der Herauslösung nationaler Kontingente etwa für zusätzliche Aufgaben in den französischen Kolonien (nur nach Genehmigung durch den SACEUR) über die einheitliche Uniform bis hin zur Schiedsgerichtsbarkeit. Bundestag und Bundesrat hatten den EVG-Vertrag, der dem westlichen Bündnis deutsche Soldaten bescheren sollte, ohne dafür eine deutsche Armee wieder gründen zu müssen, schon ratifiziert. Aber die französische Nationalversammlung stellte sich 1954 mit neuen Mehrheiten quer. Und so kam es 1955 zur Gründung der Bundeswehr.

Europa kann sich einigen und bisher nationale Souveränitätsrechte auf höherer Ebene zusammenfassen oder vergemeinschaften. Die Einführung des Euro als europäische Gemeinschaftswährung ist ein Beispiel dafür oder auch der Schengen-Raum ohne Passkontrollen an den Binnengrenzen. Aber wie beim Euro-Projekt, das in den 1970er Jahren startete und dann 2002 zu richtigem Geld wurde, dürfte auch die Entwicklung zur gemeinsamen Europäischen Armee ein Generationenprojekt sein. Gestartet ist es ganz unscheinbar irgendwann im zweiten Jahrzehnt des 21. Jahrhunderts. Man hat es kaum bemerkt.

Was die Europäisierung der Verteidigung heute braucht, ist lange noch kein Gründungsvertrag, sondern erstens das politische Ziel Europäische Armee nicht als wolkige Vision, sondern im Sinne einer regulativen Idee, wie der Philosoph Jürgen Habermas es nennen würde: einer Zukunftsvorstellung, an der sich heutiges Handeln bereits orientiert, ihr jedenfalls nicht entgegenwirkt. Und zweitens braucht die Europäisierung der Verteidigung: Praxis.

Ich finde, ein schönes Bild, auf das man diese Praxisorientierung bringen kann, wären „Inseln funktionierender Kooperation". Aus rein nationalen Fähigkeiten, Organisationsformen und Ambitionen müssen nach und nach multinationale Inseln der Kooperation werden. Nicht jeder arbeitet mit jedem zusammen, nicht alles ist schon mit allem planvoll verbunden. Auf das Funktionieren in der Praxis kommt es an, lieber klein und gut als groß und dysfunktional. Das Militär hat ja in der Hauptsache immer noch reale Aufträge zu erfüllen. Die schrittweise Weiterentwicklung, Umgliederung und Integration findet gleichzeitig statt.

So wachsen, wenn es gut geht, die Inseln funktionierender Kooperation, werden größer, es werden mehr, manche wachsen zusammen. So bilden sie nach und nach Festland. Dieses Bild könnte für das stehen, was in Europa im Moment tatsächlich passiert. Wir erleben so etwas wie die normative Kraft des Faktischen in der Praxis. Auf drei Wegen der Europäisierung kommt das Europa der Verteidigung gegenwärtig voran. Es sind nicht alternative, auseinanderführende Wege, sondern parallele. Sie führen in die gleiche Richtung, zum gleichen Ziel. Die drei Wege heißen erstens *Framework Nation Concept (FNC)*, hier geht es um die bessere Kooperation Nato-Europas, zweitens *Permanent Structured Cooperation (PESCO)*, hier kooperiert EU-Europa, und drittens – ohne Namen – gibt es die bilaterale und multilaterale Kooperation einzelner Nationen miteinander, Tendenz: rasant zunehmend.

Wenn auf diesen Wegen in Zukunft mehr und mehr Festland gewonnen ist und dieses zusammengewachsene neue Land auch wirklich stabilen Grund bietet, wird irgendwann der Zeitpunkt kommen, an dem es effektiver sein wird, das Ganze nicht mehr nach den Rationalitäten der Inseln, sondern nach einem einheitlichen Regelwerk Europas zu organisieren und zu führen. Nach dialektischer Philosophie wäre dies der Punkt, an dem Quantität in Qualität umschlägt. Es käme zur feierlichen Gründung einer Europäischen Armee, in der 20 oder 30 nationale Armeen dann aufgehoben und verschmolzen wären. „Verschmelzung" ist übrigens ein Begriff aus dem EVG-Vertrag von 1952. Vielleicht gelingt dieses Integrationswerk, noch bevor China die Amerikaner militärisch eingeholt oder überholt hat. Spätestens dann wären wohl auch die USA froh über einen Bündnispartner, der zur Selbstbehauptung des Westens einen wirklich substanziellen Beitrag leistet.

Bisher jedenfalls konnte man oft den Eindruck haben, dass die lustvoll vorgetragene amerikanische Kritik an der bekannten Schwäche der Europäer nicht etwa nur der Sorge um die gemeinsame Sicherheit entsprang, sondern auch den eigenen Hang zum präemptiven Unilateralismus rechtfertigen sollte, nach dem Motto: „Wenn ihr schon keinen fairen Anteil an den militärischen Lasten übernehmt – dann redet uns jedenfalls nicht rein, wenn wir tun, was wir für richtig halten!" So sollte es in der transatlantischen Partnerschaft nicht bleiben. Europa kann das ändern.

Weg eins: Nato-Europäisierung

Von dem etwas unglücklichen Kurzzeit-Verteidigungsminister Thomas de Maizière, 2011 bis 2013, sind vor allem einige seiner Glückskeksweisheiten aus dem Begründungszusammenhang der von Karl-Theodor zu Guttenberg übernommenen Bundeswehrreform im Gedächtnis. Ein neues Motto lautete: Ersatzteile kaufen wir, wenn wir sie brauchen. Oder: Wir planen nur, was wir auch bezahlen können. Oder: Wo keine Mittel, da kein Bedarf. Oder: Wir kehren die Treppe von oben (und lassen die Verwendungs- und Lebensplanung für die da unten solange wie möglich im Dunkeln). Das Ausstattungssoll für die Truppe fiel von 100 auf 70 Prozent und darunter, aus Kostengründen. Ein sogenanntes dynamisches Verfügbarkeitsmanagement sollte Panzer, Nachtsichtgeräte und Schutzwesten zwischen den Standorten rotieren lassen – ein Desaster mit Ansage für Ausbildung, Übung und Einsatzbereitschaft. Guttenberg hatte vorab schon handstreichartig die Wehrpflicht ausgesetzt und mit seinen Sparzusagen im Kabinett eine radikale Reduzierungskampagne ausgelöst. Als „höchsten Parameter" für die Streitkräftereform bezeichnete er die Schuldenbremse im Grundgesetz. Deutschland kämpfte da gerade noch, wie alle anderen, mit den Folgen der Wirtschafts- und Finanzkrise. Kein leichtes Erbe für die Nachfolgerinnen im Verteidigungsministerium, Ursula von der Leyen und Annegret Kramp-Karrenbauer.

Aus diesen Zeiten des extremen Sparens, als *pooling and sharing* und *smart defence* zur internationalen Kostensenkung in aller Munde waren, stammt eine Initiative, die Nato-Europa trotz aller fiskalischen Anfechtungen gemeinsam leistungsfähiger machen sollte. Sie geht wesentlich auf de Maizière zurück und ist heute einer der drei etablierten Europäisierungswege: das *Framework Nation Concept (FNC)*, zu Deutsch: Rahmen-Nationen-Konzept. Formal startete FNC mit einem Beschluss des Nordatlantikrats 2014, also schon in der neuen Zeit. Seit 2015 geht es im FNC auch um die *larger formations* für das Rückversicherungsprogramm der Nato im Osten. Aber die Vorbereitungen begannen lange vorher. Koordinierende Rahmennation ist Deutschland, zur Mitwirkung haben sich 15 weitere europäische Nato-Mitgliedstaaten gemeldet: Belgien, Bulgarien, Dänemark, Estland, Kroatien, Lettland, Litauen, Luxemburg, Niederlande, Norwegen, Polen, Rumänien, Slowakei, Slowenien, Tschechien und Ungarn, das wäre also die gesamte neue östliche Nato: alle ehemaligen Warschauer-Pakt-Mitglieder, ehemaligen Sowjetrepubliken und jugoslawischen Nachfolgestaaten; einige kleinere westliche Freunde: die Benelux-Staaten und Nato-Skandinavien; plus die Nicht-Nato-Staaten Schweden, Finnland, Österreich und die Schweiz. Die größeren europäischen Nato-Partner sind hier nicht dabei: London, Paris, Rom und Madrid.

Großbritannien führt selbst eine zusätzliche europäische Teilaktivität namens *Joint Expeditionary Force (JEF)*, an der sich acht nordeuropäische Länder beteiligen: Norwegen, Schweden, Finnland, Dänemark, Estland, Lettland, Litauen und die Niederlande. Zweck des JEF-Verbundes ist die Schaffung einer schnellen multinationalen Eingreiftruppe. Italien, das mit seinen *Carabinieri* schon über ein besonderes zivil-militärisches Instrument für internationale Missionen verfügt, hat als Rahmennation die Koordination eines Nato-Projekts für Stabilisierungseinsätze übernommen. Mit dabei: Albanien, Kroatien, Slowenien, Ungarn und Österreich. Frankreich und Spanien kooperieren mit anderen bei der Verbesserung der gemeinsamen Marinepräsenz im Mittelmeer.

All diesen Aktivitäten der Nato-Europäer ist gemein, dass jeweils auch Nicht-Nato-Staaten sich beteiligen – wie sie dies auch schon bei den Nato-Missionen auf dem Balkan oder in Afghanistan getan haben. Es gibt keine scharfe Trennlinie zwischen Nato-Europa und Nicht-Nato-Europa. Nicht einmal die Schweiz hält sich prinzipiell außen vor.

Die von Deutschland koordinierten FNC-Aktivitäten sind besonders umfassend. 24 Fähigkeits-*Cluster* werden in vier Gruppen bearbeitet, sie heißen erstens *Support – Command and Controll*, zweitens *Effects*, drittens *Protection* und viertens *Joint Intelligence, Surveillance, Reconnaissance*. Dabei geht es zum Beispiel um so praktisch relevante Themen wie den Aufbau eines multinationalen Logistik-Hauptquartiers, ein Projekt, das bei der Logistikschule der Bundeswehr in Osterholz-Scharnbek bereits in der Umsetzung ist. Es gibt *Cluster* zum *Host Nation Support*, der wieder wichtiger wird, wenn Truppen aus ganz Europa und aus Amerika die Verlegung Richtung Polen und Baltikum üben, ein *Cluster* zur zivil-militärischen Zusammenarbeit CIMIC, das bereits mit einer operationell einsetzbaren multinationalen Gruppe in Nienburg praktisch geworden ist, Projekte zu medizinischer Unterstützung und ABC-Abwehr, zum Brückenlegen, zur Raketenabwehr, zur Drohnentechnik und zu etlichen weiteren Integrationsthemen.

Weg zwei: EU-Europäisierung

Wenige Tage nach dem Exit-Votum der Briten im Juni 2016 befasste sich der Europäische Rat mit der neuen „Globalen Strategie für die Außen- und Sicherheitspolitik der Europäischen Union", vorbereitet in einem offenen Prozess von der Hohen Vertreterin für die gemeinsame Außen- und Sicherheitspolitik, der Italienerin Federica Mogherini. Die *Global Strategy* ersetzte die sogenannte Solana-Strategie von 2003, benannt nach dem damaligen Hohen Vertreter, dem Spanier Javier Solana, die als Europas multilateralistische Antwort auf die Bush-Doktrin des Unilateralismus verstanden wurde, also auf Amerikas Selbstermächtigung zum *preemptive strike*. Kernsätze des neuen 2016er-Papiers lauten: „Unsere Union ist bedroht." Und: „Als Europäer müssen wir mehr Verantwortung für unsere Sicherheit übernehmen. Wir müssen bereit und in der Lage sein, Bedrohungen von außen zu verhindern, darauf zu reagieren und uns davor zu schützen. Zwar besteht die Nato, um ihre Mitglieder – von denen die meisten europäische Staaten sind – gegen Angriffe von außen zu verteidigen, jedoch müssen die europäischen Staaten besser ausgerüstet, ausgebildet und organisiert sein, um entscheidend zu solchen gemeinsamen Anstrengungen beitragen und bei Bedarf selbständig handeln zu können."

Verteidigung war über Jahrzehnte tatsächlich der schwächste Politikbereich im zusammenwachsenden EU-Europa mit seinem erfolgreichen Binnenmarkt, mit Freizügigkeit und gemeinsamer Währung bei immer mehr Mitgliedern. Insbesondere Großbritannien blockierte systematisch jede Integrationsabsicht im Bereich Verteidigung. Der Gründung der GSVP, der Gemeinsamen Sicherheits- und Verteidigungspolitik, dem in Helsinki 1999 vereinbarten *Headline Goal* von Zehntausenden einsatzbereiten EU-Soldaten (mit Blick auf die andauernden Balkan-Konflikte) und dem 2009 in Kraft getretenen neuen EU-Vertrag von Lissabon, in dem die Mitgliedsstaaten sich auf das Oberziel der *ever closer union*, des immer engeren Zusammenwachsens, verpflichtet hatten – all diesen Absichtsbekundungen war im Bereich der militärischen Fähigkeiten wenig gefolgt. Alle nationalen Armeen schrumpften weiter allein vor sich hin, beschleunigt noch durch die weltweite Wirtschafts- und Finanzkrise und die europäische Staatsschuldenkrise. Es kam zur Gründung eher symbolischer, rotierender EU-Battlegroups (mit einer Stärke um die 2.000 Soldaten für jeweils sechs Monate) und zu einzelnen kleineren militärischen Missionen auf dem Balkan, in Afrika und – besonders erfolgreich – zur Piraterie-Bekämpfung gemeinsam mit anderen vor der Küste Somalias.

Der Sozialist Javier Solana, der vor seiner EU-Zeit auch Nato-Generalsekretär gewesen war, hatte für das Mogherini-Papier noch einmal Schub von außen organisiert. Mit einer kleinen Arbeitsgruppe des Brüsseler Thinktanks CEPS (*Centre for European Policy Studies*) und der deutschen Friedrich-Ebert-Stiftung, an der auch ich mich damals als Vorsitzender des Verteidigungsausschusses im Deutschen Bundestag beteiligen konnte, verantwortete er ein Impulspapier, das unter dem Titel *More Union in European Defence* 2015 veröffentlicht wurde. In diese Richtung ging dann auch der Text der Mogherini-Strategie 2016.

In den *More-Union*-Vorschlägen wird ausdrücklich die Aktivierung eines im Lissabonner EU-Vertrag schlummernden Mechanismus gefordert, der bisher völlig unbeachtet geblieben war: die Ständige Strukturierte Zusammenarbeit im Bereich des Militärischen, englisch: *Permanent Structured Cooperation*, kurz PESCO.

Nach dem Referendum zum britischen EU-Austritt war nun die Zeit für PESCO gekommen. Noch in der Brexit-Kampagne hatten die *Leave*-Leute gegen die EU mit dem Schreckgespenst der Zwangsgründung einer Europäischen Armee, die Großbritanniens Souveränität zerstört, Stimmung gemacht. Das aber war nun nicht mehr Brüssels, sondern Londons Problem. Auf dem EU-Brexit-Gipfel in der slowakischen Hauptstadt Bratislava im September 2016 ging es darum, Handlungsfähigkeit zu demonstrieren und ein neues Integrationsfeld zu eröffnen. Deshalb beschlossen die verbleibenden 27 Staats- und Regierungschefs: „Wir benötigen die EU, um nicht nur Frieden und Demokratie, sondern auch die Sicherheit unserer Bürger zu gewährleisten." Und als eine der neuen Kernprioritäten für die nächsten Monate beschloss die Runde eine „Verstärkung der Zusammenarbeit im Bereich der externen Sicherheit und der Verteidigung" und dass man demnächst über die Frage entscheiden müsse, „wie die durch die Verträge gebotenen Möglichkeiten insbesondere in Bezug auf die Fähigkeiten besser genutzt werden können". Eine wesentliche neue „Möglichkeit", die man in den Verträgen gefunden hatte, war: PESCO.

Gemeinsam mit Anna Maria Kellner und Uwe Optenhögel hatte ich Anfang 2017 unter dem Titel *Strategische Autonomie und die Verteidigung Europas* ein Buch herausgegeben, das in 28 Länderkapiteln ein Schlaglicht auf die unterschiedlichen Sichtweisen in der politischen Debatte EU-Europas werfen sollte. Was dabei herauskam, war ein durch Skepsis gegenüber „mehr Europa in der Verteidigung" geprägtes Bild. Überall sah man Hindernisse und Schwierigkeiten, rechnete mit langwierigen Abstimmungsprozessen und kleinen Schritten, war aber doch auch erkennbar verunsichert und nachdenklich geworden durch US-Präsident Trumps Nato-skeptische Rhetorik bei gleichzeitig wachsender Sorge wegen eines aggressiver auftretenden Russlands.

Wie schön für Europa, wenn es einmal die Erwartungen der EU-Experten und Profis positiv enttäuscht und aufs Tempo drückt! Nach einem PESCO-Gründungsaufruf von Deutschland und Frankreich, dem sich rasch Italien und Spanien anschlossen, waren es am 11. Dezember 2017 sage und schreibe 25 von aktuell noch 28 Mitgliedsstaaten der Union, die PESCO aus der Taufe hoben und gleich die ersten 17 Zusammenarbeitsprojekte vereinbarten. Nur Malta (das wohl das PESCO-Kriterium einer regelmäßigen Erhöhung der Verteidigungsausgaben ablehnt), Dänemark (wegen seiner einer Volksabstimmung geschuldeten prinzipiellen Nichtteilnahme an der Gemeinsamen Sicherheits- und Verteidigungspolitik) und Großbritannien blieben draußen. Prinzipiell soll PESCO auch offen sein für die Teilnahme von Nicht-EU-Staaten wie Norwegen oder künftig das Vereinigte Königreich.

Im Vorfeld hatte es noch Meinungsverschiedenheiten zwischen Deutschland und Frankreich über das anzustrebende PESCO-Format gegeben: Sollten es wenige Staaten sein, die schnell viel gemeinsam voranbringen wollen, was Frankreich bevorzugte, oder möglichst alle EU-Staaten, um gerade nach dem Brexit-Votum inklusiv zu bleiben und kein gefährliches Insider-/Outsider-Problem zu konstruieren? Das war die deutsche Position, und sie setzte sich durch. Am Ende wollte fast niemand nicht dabei sein, so skeptisch manche auch nach wie vor das Projekt der europäischen Verteidigungsintegration sehen und (wegen der USA-Anbindung) eigentlich exklusiv auf die Nato setzen, wie etwa Polen.

Zu den vereinbarten 17 Projekten vom Dezember 2017 sind inzwischen weitere 17 beschlossen worden. Dabei geht es um so grundlegende Dinge wie gesicherte softwaredefinierte Funktechnik, ein europäisches Sanitäts-kommando, vereinfachte Mobilität bei grenzüberschreitenden Militär-transporten, Hafenschutz, *Cyber Rapid Response Teams*, ein neues amphibi-sches Kampffahrzeug, indirekte Feuerunterstützung, *Helicopter Hot and High Training*, neue Kurzstreckenraketen, die Eurodrohne, die Weiterent-wicklung des Kampfhubschraubers Tiger, elektronische Kampfführung, die gemeinsame Nutzung von Stützpunkten in Europa und in Übersee (*Co-Basing*), Funknavigation und so weiter. Manches klingt vertraut wie Eurodrohne und Tiger, anderes exotisch wie das italienisch-französische Projekt eines Aufklärungsluftschiffs für die oberen Luftschichten. Bei manchen Vorhaben gibt es nur zwei Partnernationen, bei anderen sind es 16 (Logistik-Drehkreuze).

Über diese PESCO-Projekte hinaus, von denen gewiss nicht alle zu all-gemein brauchbaren Ergebnissen führen müssen und die überwiegend auch FNC-Projekte der Nato sein könnten, gibt es weitere militärpoliti-sche Vereinbarungen in der Union, etwa zum Aufbau eines (zunächst al-lerdings sehr kleinen) militärischen EU-Hauptquartiers. Während die USA für ihre Aufgaben in Europa eine eigene große Regional-Kommandobehörde unterhalten, US-EUCOM in Stuttgart, deren Befehls-haber gleichzeitig bei der Nato in Mons der *Supreme Allied Commander Eu-rope* ist, verfügt die EU bisher über so gut wie nichts. Das Berlin-plus-Abkommen, das bei Bedarf eine Nutzung von Nato-Stäben für EU-Missionen ermöglichen sollte, liegt wegen der Veto-Haltung des Allianz-mitglieds Türkei in der Praxis auf Eis. Ein eigenes EU-Militärhauptquartier wäre im Übrigen auch keine Doppelung von Kapazitäten, wovor Großbri-tannien und die USA immer wieder warnten, sondern nur genau das, was auch die Amerikaner selbst für ihre Kräfte in Europa benötigen, ein eigenes Kommando, das nicht identisch ist mit dem Nato-Hauptquartier. Der erste Nukleus dafür soll nun kommen. In Zukunft könnte es dann praktisch sein, wenn der Befehlshaber der EU-Kommandobehörde mit Doppelhut immer gleichzeitig auch Stellvertreter des amerikanischen Nato-Oberbefehlshabers wäre.

Parallel zu den PESCO-Aktivitäten verfolgt die Europäische Union über ihre etablierte Verteidigungsagentur EDA ohnehin schon einige Fähigkeitsprogramme, etwa zu Luftbetankung oder Satellitenkommunikation, und Pilotprojekte zur Verteidigungsforschung. Außerdem koordiniert sie den Fähigkeitsentwicklungsplan CDP, der mit dem 2018 eingeführten *Coordinated Annual Review on Defence* (CARD) einen wesentlich höheren Verbindlichkeitsgrad gewonnen hat. Hier geht es um das Ganze der nationalen Verteidigungsplanungen aller PESCO-Mitglieder wie auch um strategische Prioritäten, etwa Informationsüberlegenheit, Unterwasserüberwachung und Luftmobilität. Ein Abgleich mit dem Nato-Verteidigungsplanungsprozess ist ausdrücklich vorgesehen. Nato- und EU-Verantwortliche nehmen gegenseitig an wichtigen Beschlusskonferenzen des jeweils anderen Bündnisses teil. Mehrere gemeinsame Erklärungen betonen die Gleichgerichtetheit der verteidigungspolitischen Anstrengungen. Gerade von manchen Akteuren jenseits des Atlantiks wird dies verkannt und oftmals als Schaffung redundanter Fähigkeiten beargwöhnt. Dabei geht es bei konsequenter Anwendung beider Prozesse in Nato und EU erstens um die Stärkung des europäischen Pfeilers der Nato gerade bei der Aufgabe der Bündnisverteidigung. Diese wird immer gemeinsam von der transatlantischen Allianz geleistet werden müssen. Zweitens geht es darum, dass die Europäer militärische Aufgaben vor der eigenen Haustür, sei es auf dem Balkan, im Mittelmeer oder in Nordafrika besser als bisher wahrnehmen wollen.

Typisch für die Europäische Union ist, dass ein Politikfeld nicht wichtig sein kann, wenn es kein eigenes Geld aus dem EU-Haushalt dafür gibt. An der Wichtigkeit zweifelt niemand mehr, also gibt es jetzt Geld für einen Europäischen Verteidigungsfonds. Aber obwohl es über sieben Jahre verteilt ansehnliche 13 Milliarden Euro werden sollen, scheint das doch eher eine symbolische Hilfsmaßnahme zu sein. In diesen sieben Jahren werden die EU-Mitglieder zusammen mehr als 1,5 Billionen Euro für Verteidigung ausgeben. Gemessen daran liegt der EU-Finanzierungsanteil noch im Promillebereich.

Frankreich hat übrigens ein Element seines gewünschten kleinen schnellen Kerneuropas doch noch bekommen. Die von Präsident Emmanuel Macron vorgeschlagene Europäische Interventionsinitiative (EI2) zur Koordination besonders zügiger Truppensteller-Verhandlungen in künftigen Krisenfällen erhält ein Büro in Paris. Zum Mitmachen gemeldet haben sich Deutschland, Großbritannien, Belgien, Spanien, Portugal, Dänemark, die Niederlande und Estland. Wozu die EI2 praktisch gut sein soll, erschließt sich nicht wirklich. Aber man erkennt, dass französischer Esprit schwer zu bremsen ist.

Weg drei: bilaterale Europäisierung

Wenn es um die bi- und multinationale Kooperation in Europa geht, zeigen viele zuerst auf das deutsch-französische Beispiel: die deutsch-französische Brigade, den Stab des Eurokorps in Straßburg (mit Belgien, Spanien und Luxemburg) und die gemeinsame Tiger-Hubschrauberschule in Le Luc. Aber Hand aufs Herz, es funktioniert nicht. Jedenfalls nicht gut, nicht so, dass es ein Modell für weitere Kooperationen wäre (einmal abgesehen von höheren Kommandostäben, mit deren multinationaler Besetzung man in der Nato ja schon seit 70 Jahren reichlich Erfahrung hat). Zum 25-jährigen Bestehen der deutsch-französischen Brigade trafen sich der deutsche und der französische Verteidigungsausschuss 2014 zu gemeinsamer Sitzung beim Brigadestab in Müllheim. Wir ließen uns briefen. Und beschlossen dann, Briefe an unsere jeweiligen Verteidigungsminister zu schreiben, wo denn die Integration bleibe. Es gab zwei Teile, einen französischen und einen deutschen, die froh waren, wenn sie miteinander funken konnten. Französische Techniker durften nicht an deutschen Fahrzeugen schrauben, deutsche Ärzte keine französischen Soldaten behandeln. Französische Regimentsstruktur trifft auf deutsche Bataillons-gliederung. Ein Glas Rotwein zum Mittag bei den französischen Kamera-den, kein Alkohol im Dienst bei den Deutschen. Die Zahl der Deutschen im Stab, die französisch sprechen konnten, war übersichtlich, Arbeitsspra-che Englisch. Aus Kostengründen hatte die französische Armee ihren in Deutschland, in Donaueschingen, stationierten Kampfverband 2014 aufge-löst. Die Bundeswehr leistet sich dagegen bis heute ein Jägerbataillon auf französischem Boden, im elsässischen Illkirch.

Geklagt wird gelegentlich, es gäbe keine wirklich gemeinsame Einsatz-geschichte. Aber das ist es nicht. Der Integration im Wege steht der fran-zösische nationale Vorbehalt zum unilateralen Einsatz seines Militärs Deutsche Soldaten wären da als Mitreisende willkommen, aber eben auf französischem Ticket. Und so funktioniert es nicht. Bleibt zu hoffen, dass die in Évreux geplante gemeinsame Lufttransportstaffel mit französischen und deutschen Herkules-Flugzeugen und -Besatzungen einen besseren Start haben wird. Es muss mehr Synergien geben als die Mitnutzung von Tower und Feuerwehr wie in Le Luc.

Ein gutes Beispiel für Synergien ist das Europäische Lufttransport-kommando in Eindhoven, bei dem sieben Staaten ihre Lufttransportbe-dürfnisse aus einem gemeinsamen Pool decken. In Deutschland gibt es für die betreffenden Luftwaffengeschwader kein eigenes nationales Komman-do mehr. Sie werden über die 200 Stabsangehörigen in Eindhoven koordi-niert. Deutschland stellt 50 davon. Wie groß müsste ein deutsches Kom-mando sein, wenn wir das selber machen müssten, fragte ich bei einem Besuch den Deutschen Dienstältesten Offizier. Ungefähr 200, lautete die Antwort.

Das Supermodell der Stunde aber ist die Zusammenarbeit mit den nie-derländischen Freunden. Sie teilen sich schon seit 1996 mit Belgien ein gemeinsames Marinehauptquartier in Den Helder, weil das reicht. Und sie fusionieren ihr Heer mit dem deutschen. Den Begriff Fusion verwendet noch keiner, aber darauf läuft es hinaus. „Griffin" (Greif) nannten die deutschen und niederländischen Planer eine Übungsserie zur Integration der 11. Luchtmobilen Brigade der Holländer in die deutsche Division

Schnelle Kräfte. Da ist sie nun, mit eigenem Führungspersonal im Divisionsstab vertreten und im Alltag, nicht nur bei Übungen oder Missionen, Teil der größer gewordenen Division, zu der sonst noch die deutsche Luftlandebrigade, drei Hubschrauberverbände und das Kommando Spezialkräfte gehören. Ausbildung, Ausrüstung und taktische Verfahren werden jetzt gemeinsam weiterentwickelt.

In die 1. Panzerdivision der Bundeswehr, zu der drei deutsche Brigaden gehören, ist die niederländische 43. Mechanisierte Brigade eingegliedert. Der niederländischen Brigade wiederum ist ein deutsches Panzerbataillon unterstellt, und zu diesem Bataillon gehört eine niederländische Panzerkompanie: Reißverschluss. Man könnte auch sagen, hier forschen zwei Armeen in einem Integrationslabor, wie weit die Verschmelzung gehen soll. Ich persönlich glaube, bis Brigadeebene (das sind 3.000 bis 6.000 Soldaten) national, ab Division (das sind in Deutschland etwa 20.000 Soldatinnen und Soldaten) multinational: Das könnte der neue Maßstab sein.

Entsprechend melden jetzt einige mittel- und osteuropäische Armeen einzelne Brigaden zur „Affiliierung" mit deutschen Divisionen, so die Tschechen und die Rumänen. Auch mit Polen, Ungarn und Litauen gibt es weitreichende Projekte der Heereszusammenarbeit, nicht zuletzt bei der Rüstung (Leopard, Boxer, Panzerhaubitze), mit Österreich eine gemeinsame Gebirgsjägerausbildung, wofür beide Länder jetzt unter anderem den österreichischen Hochgebirgsjägerübungsplatz Wattener Lizum bei Innsbruck gemeinsam ausbauen.

Norwegen und Deutschland wollen ihre U-Boot-Geschwader bündeln (mit dann zusammen zwölf Brennstoffzellen-U-Booten). Im Ostseeraum will die deutsche Marine von Rostock aus die Seestreitkräfte der verbündeten Anliegerstaaten mit einer multinationalen Führungseinrichtung koordinieren. Die Reste der deutschen Heeresflugabwehr unterstehen heute schon niederländischem Kommando. Beschlossen ist der Aufbau einer kleinen europäischen Luftbetankungsflotte in Eindhoven und Köln, an der Deutschland sich mit fünf neuen Flugzeugen des Typs Airbus A330 beteiligt. Ausbildungskapazitäten in Deutschland werden systematisch für irternationale Zwecke geöffnet, so zum Beispiel das Internationale Hubschrauberausbildungszentrum in Bückeburg (früher: Heeresfliegerwaffenschule), das Gefechtsübungszentrum für luftmechanisierte Kräfte in Celle, Teile des Ausbildungszentrums Artillerie in Idar-Oberstein und sowieso die U-Boot-Ausbildung in Eckernförde. Es geht voran.

Immer schon und sicher auch in Zukunft nutzt die deutsche Marine britische Ausbildungskapazitäten bei der Zertifizierung der Einsatzbereitschaft ihrer Kriegsschiffe. Die fliegerische Grundausbildung aller Jetpiloten der Luftwaffe findet nach wie vor in Sheppard/USA statt. Und es gibt auch einen ganz und gar multinationalen, voll integrierten Verband der Nato: das AWACS-Geschwader in Geilenkirchen. Das sind die Flugzeuge mit den großen Antennen auf dem Rücken zur weiträumigen Luftraumkontrolle. National verfügen die wenigsten Allianzpartner selbst über solche Kapazitäten. Auf einen AWACS-Einsatz mit deutschen Soldaten an Bord gehen die Grundsätze der deutschen Parlamentsbeteiligung bei Auslandseinsätzen zurück. Das Bundesverfassungsgericht stellte 1994 fest, dass in jedem Fall die vorherige Zustimmung des Bundestages einzuholen ist.

Einigung ist möglich

Verschmelzung, Verflechtung, Kooperation, Affiliierung – so vielfältig die Formen von Zusammenarbeit und Integration inzwischen auch geworden sind, dass man leicht den Überblick verlieren kann, eines scheint aus all den Bemühungen der letzten Jahre klar zu erkennen zu sein: Der Zug rollt. Der Prozess der Europäisierung scheint unumkehrbar geworden zu sein – mit allen langfristigen Konsequenzen für das gemeinsame Führungsverständnis, für gemeinsame Ausbildungs- und Einsatzgrundsätze und gemeinsam beschaffte identische Ausrüstung.

Gleichzeitig gibt es allerdings immer noch Bereiche, in denen sich bisher fast nichts verändert hat. Das Thema „Soldatenrechte" zum Beispiel steht nach wie vor für eine nationalstaatliche Vielfalt, wie es sie auch in den Gründungszeiten der Nato vor sieben Jahrzehnten gegeben hat. Mit dem Konzept der Inneren Führung, dem Leitbild des Staatsbürgers in Uniform, der Wahl von Vertrauensleuten und Personalräten sowie der Kontrollinstitution eines eigenen parlamentarischen Wehrbeauftragten setzt die Bundeswehr hier Maßstäbe. Aber das ist nicht der europäische Normalfall.

Eine eigene Soldatengewerkschaft, die in den Kasernen selbst zuhause ist, gibt es kaum irgendwo, aber in Deutschland: den Deutschen Bundeswehrverband mit seinen 200.000 Mitgliedern und bemerkenswerten Aktivitäten im Sinne von Demokratie und Sozialstaatlichkeit. Auf dem Weg hin zu einer Europäischen Armee wird also irgendwann auch eine Konvergenz der Soldatenrechte beginnen müssen, orientiert an den höchstmöglichen Standards.

Dass übrigens unser deutsches Prinzip der Parlamentsarmee kein bedauernswerter bundesrepublikanischer Sonderweg ist, zeigt mittlerweile die sich weiterentwickelnde Praxis vieler anderer Demokratien des Westens, bis hin zum amerikanischen Kongress, die tendenziell die parlamentarischen Rechte gegenüber der Exekutive stärken, wenn es um das Ja oder Nein zur Entsendung von eigenen Truppen in Krisenmissionen geht – oder um deren Rückzug.

Um das Europa der Verteidigung, wie unsere französischen Freunde gern sagen, wenn sie über das Europäisierungsthema sprechen, haben sich in der jüngeren Vergangenheit viele führende Köpfe der europäischen Politik verdient gemacht: Jean-Claude Juncker als EU-Kommissionspräsident und Michel Barnier, sein zeitweiliger Beauftragter für die Europäische Verteidigungsunion, der Nato-Generalsekretär Jens Stoltenberg und sein Vorvorgänger Javier Solana, die Hohe Beauftragte Federica Mogherini und die unterschiedlichen deutschen Koalitionsregierungen unter Bundeskanzlerin Angela Merkel (ohne dass diese selbst sich das Thema erkennbar zu eigen gemacht hätte), die französischen Präsidenten Hollande und Macron mit viel Pathos, Verteidigungsministerin Ursula von der Leyen, eine überzeugte Europäerin, die jetzt zur Präsidentin der EU-Kommission gewählt wurde, und etliche ihrer Amtskolleginnen in den Partnerstaaten. Bundestagspräsident Wolfgang Schäuble wirbt unermüdlich für ein festes

Verteidigungs-Europa, und US-Präsident Donald Trump hilft aus der Ferne kräftig mit im Sinne von antagonistischer Kooperation. Es gibt eine „Interparlamentarische Konferenz für die Gemeinsame Europäische Außen- und Sicherheitspolitik (GASP) und die Gemeinsame Europäische Sicherheits- und Verteidigungspolitik (GSVP)", wie diese EU-Konferenz in voller Schönheit heißt. Als Abgeordneter habe ich sie aus der Perspektive des Leiters der deutschen Delegation kennengelernt – ein bewusstseinserweiterndes Gremium, auch was das Bewusstsein der Schwierigkeiten anbelangt. Und nicht zu vergessen sind in der Reihe der Akteure jene, die im deutschen Verteidigungsministerium und im Auswärtigen Amt mit ganz kleinen Mitarbeiterstäben die Vereinbarungen zum *Framework Nation Concept*, zu PESCO und zu den bilateralen Kooperationen vorbereitet haben und den Alltag koordinieren, etwa der Politische Direktor im Verteidigungsministerium Geza von Geyr, inzwischen deutscher Botschafter in Moskau, und der Leiter der Planungsabteilung General Erhard Bühler, inzwischen Nato-Befehlshaber des *Joint Forces Command* in Brunssum.

Am Europa der Verteidigung zu arbeiten, ist keine Strafe. Das Thema mag gewiss nicht immer überall präsent sein, aber wenn es aufgerufen wird, ist es populär. Die regelmäßigen Erhebungen des Euro-Barometers ergeben kontinuierlich eine oft deutlich über die 50-Prozent-Marke hinausgehende mehrheitliche Zustimmung zur Antwortmöglichkeit „mehr Europa" bei der Verteidigung – in allen 28 Mitgliedsstaaten.

Viele haben mit vielen viele Projekte am Laufen. Aber für den politischen Rahmen, für die Entwicklung des Ganzen ist es wichtig, dass Deutschland und Frankreich im Bewusstsein ihrer ganz unterschiedlichen, gut fundierten Ausgangspositionen immer enger zusammenfinden und sich einigen. Ohne gemeinsame Theorie und Praxis geht es nicht. Rhetorik hilft immer nur kurzfristig. Wenn französische Präsidenten über *l'Europe de la défense* sprechen, meinen sie – siehe oben – zuallererst eine verbesserte Interventionsfähigkeit *à la française*, gern auch ohne die Amerikaner. Wenn es hingegen aus deutscher Perspektive um ein zusammenwachsendes Verteidigungs-Europa geht, geht es zuallererst um feste, eindrucksvolle gemeinsame Strukturen, die helfen, dass es möglichst nicht zum Einsatz militärischer Gewalt kommen muss, schon gar nicht in Europa. Zwei Weltkriege und die Verhütung des Dritten durch kampfstarke Bündnispräsenz entlang der innerdeutschen Grenze bilden die historische Rechtfertigung für diesen Wunsch an die Zukunft. Zwischen den beiden polaren Maximen – Strukturen der Ermöglichung des Einsatzes von Militär versus Strukturen zur Vermeidung der Notwendigkeit zum Gewaltgebrauch – wird man sich einigen müssen, auch können. Beides hat seine Berechtigung.

Es ist jetzt gut ein Jahrhundert her, dass der Erste Weltkrieg endete. Ihn verarbeitet der wohl erfolgreichste deutsche Roman aller Zeiten, Erich Maria Remarques Anti-Kriegsbuch *Im Westen nichts Neues*, erschienen 1929, bis heute 30 Millionen Mal weltweit verkauft. Ich habe die Stelle wiedergefunden, die ich als Abgeordneter gelegentlich in Schulklassen vorgelesen habe, wenn es um Europa ging – die vom Weltuntergang an der deutsch-französischen Front: „Trommelfeuer, Sperrfeuer, Gardinenfeuer, Minen, Gas, Tanks, Maschinengewehre, Handgranaten – Worte, Worte, aber sie umfassen das Grauen der Welt. Unsere Gesichter sind verkrustet, unser Denken ist verwüstet, wir sind todmüde; - wenn der Angriff kommt, müssen manche mit den Fäusten geschlagen werden, damit sie erwachen und mitgehen; - die Augen sind entzündet, die Hände zerrissen, die Knie bluten, die Ellbogen sind zerschlagen. Vergehen Wochen – Monate – Jahre? Es sind nur Tage. [...] wir sehen Leute ohne Mund, ohne Unterkiefer, ohne Gesicht; wir finden jemand, der mit den Zähnen zwei Stunden die Schlagader seines Armes klemmt, um nicht zu verbluten, die Sonne geht auf, die Nacht kommt, die Granaten pfeifen, das Leben ist zu Ende."

Wir müssen uns erinnern. An einzelne Menschen, an das, was war. Es ist *unsere* Geschichte. Wir müssen die richtigen Lehren daraus ziehen.

5   Welche Rüstung, warum strategische Autonomie?

Planung und Haushalt

Zwölf knappe Zeilen schickte das Kommando Heer aus Straußberg am 24. Juli 2015 an die Stäbe seiner verbliebenen Großverbände. Der letzte Satz steht in bürokratischer Nüchternheit und mit etwas Verzögerung für jene Zeitenwende, die immerhin ein Jahr zuvor schon, im Juni 2014, vom Nato-Gipfel in Wales festgestellt worden war. „Ab sofort wird bis auf Weiteres kein feldverwendungsfähiges Material des Heeres ausgesondert." Schluss mit Schrumpfen! Das Heer muss wieder voll ausgestattet sein für alles was kommen kann. Das heißt, es braucht in absehbarer Zeit viel mehr neue Ausrüstung.

Gab es einen Plan dafür? Nicht sofort. Weil alles seine Ordnung haben muss, wartete die Bundeswehr erst einmal ein neues sicherheitspolitisches Weißbuch der Bundesregierung ab, erstellt von Auswärtigem Amt und Verteidigungsministerium. Das kam 2016. Aufbauend darauf entstand ein weiteres Planungsdokument, das Konzeption der Bundeswehr genannt wird. Hier definiert das Verteidigungsministerium selbst die aktuellen Aufgaben der Streitkräfte. Und darauf wiederum baut als interner, teilweise geheimer Plan das neue „Fähigkeitsprofil" der Bundeswehr auf, vom Generalinspekteur unterschrieben am 3. September 2018. Der Planungshorizont geht bis zur einigermaßen vollständigen Einsatzbereitschaft der ganzen Bundeswehr im Jahr 2031. Zwischenschritte sollen in diesem Zwölfjahresplan 2023 und 2027 erreicht sein. So ist es auch an die Nato-Zentrale als deutsche Selbstverpflichtung gemeldet. Mit den entsprechenden nationalen Beitragszusagen plant nun die Nato. Ob das Auf-die-lange-Bank-Schieben verantwortbar und angemessen ist oder ob dieses „zu langsam, zu wenig, zu spät" Deutschland, Europa und dem Westen noch einmal auf die Füße fallen wird, kann nur die zukünftige Geschichte zeigen. Jedenfalls gibt das Tempo Anlass zur Sorge.

Tatsächlich geht es ja nicht um eine wesentliche Vergrößerung des Streitkräfteumfangs (moderat von 185.000 auf 203.000 Soldatinnen und Soldaten bis 2025, inklusive Reservistenstellen) und nicht um völlig neue Fähigkeiten wie die Aufstellung von trägerbasierten See-Luft-Streitkräften oder um eine eigene Nuklearbewaffnung, sondern im Kern um die Wiederherstellung der Einsatzfähigkeit aller vorhandenen Truppenteile der Bundeswehr. Viele heutige Soldaten werden bereits wieder aus dem Dienst ausgeschieden sein, bevor dieser neue Normalzustand erreicht sein wird. Wenn er denn erreicht wird.

Die Bundeswehrplaner müssen sich auf einen jährlich wachsenden Verteidigungsetat verlassen, der vor allem die zusätzlichen Beschaffungsvorhaben abdeckt. Weit entfernt vom Nato-Ziel, ab 2024 zwei Prozent des Bruttoinlandsprodukts in die Verteidigung zu stecken – der Bundeswehretat läge dann bei 77 Milliarden Euro –, hatte sich die Koalition aus CDU/CSU und SPD in Berlin darauf geeinigt, bis 2024 die Marke von 1,5 Prozent zu erreichen. Auch das ist durchaus ambitioniert. Die Bundeswehr kommt von unter 1,2 Prozent des BIP. Immerhin verzeichnete der Verteidigungshaushalt 2019 ein Rekordplus von fast 5 Milliarden auf 43,2 Milliarden Euro. In Schritten von jährlich etwa 3 Milliarden müsste das Budget nun bis 2024 auf etwa 58 Milliarden Euro aufwachsen, um das Koalitionsziel zu erreichen (nach Nato-Kriterien wären es dann sogar 62 Milliarden, weil noch einige andere Haushaltsposten eingerechnet werden). So kalkulieren auch die Planer im Verteidigungsministerium, die zugleich den rüstungsinvestiven Anteil am Bundeswehretat auf 30 Prozent steigern könnten. Damit ließen sich die Forderungen aus dem Fähigkeitsprofil einigermaßen finanzieren. Der identifizierte investive Gesamtbedarf liegt jenseits von 200 Milliarden Euro bis 2031, einschließlich einer substanziellen Aufstockung aller Munitionsbestände.

Die damalige Verteidigungsministerin Ursula von der Leyen hatte 2018 von einem „großen Modernisierungsplan" gesprochen. Und es geht ja tatsächlich um große Beschaffungsverträge: neue Schiffe für die Marine (die alten sind teilweise schon außer Dienst gestellt), ein raketenabwehrfähiges Luftverteidigungssystem, ein neuer Jagdbomber als Träger der nuklearen

Teilhabe, ein schwerer Transporthubschrauber, neue U-Boote, mehr funktionierende Schützenpanzer, Ersatz für die erste Eurofighter-Tranche, ein paar signalerfassende Drohnen ... Nichts davon ist als Projekt so neu wie heute die deutsch-französischen Pläne für ein neues Kampfflugzeugsystem FCAS oder ein neues Kampfpanzersystem MGCS. Aber es sind allesamt Multimilliarden-Vorhaben, die bisher noch nicht eingepreist, ausverhandelt und beschlossen sind.

Sorgenvoll schauen die Rüstungsverantwortlichen im Verteidigungsministerium auf die wacklige Konjunkturentwicklung, die rückläufigen Ergebnisse der Steuerschätzer und die mittelfristige Finanzplanung, die vom Finanzminister vorgelegt und vom Bundeskabinett mit jedem Haushaltsentwurf der Regierung abgenickt wird. Und in der Planung von Finanzminister Olaf Scholz (SPD) sinkt der Bundeswehretat mittelfristig sogar wieder, statt verlässlich zu steigen – ein Aufreger-Thema im Koalitionsdrama 2019. Nun ist die Finanzplanung jedes Jahr wieder nur ein kurzlebiges Exekutivdokument, während jeder konkrete Bundeshaushalt vom Parlament beraten und rechtsverbindlich beschlossen wird. Und der Haushaltsgesetzgeber ist bisher, jedenfalls in den Zeiten der Großen Koalition seit 2013, stets bundeswehrfreundlich aufgetreten: hier noch fünf Kriegsschiffe mehr, die die Regierung gar nicht zu fordern gewagt hatte, da zusätzliche Hubschrauber für die Spezialkräfte, dort ein paar 100 Millionen extra, weil die Mängel überall so eklatant sind.

Aber in der Furcht vor am Ende vielleicht wirklich fallenden Haushaltslinien hat das Verteidigungsministerium lange gezögert, große Zahlungsverpflichtungen einzugehen. Damit geraten die sich stapelnden, nicht entschiedenen Großprojekte langsam in Konkurrenz zueinander. Schon wird in der Presse aus einer durchgesickerten Finanzbedarfsanalyse des Ministeriums zitiert, in der es heißt: „Zahlreiche zur Erfüllung der Nato-Planungsziele erforderlichen Rüstungsprojekte können nicht oder nicht zeitgerecht realisiert werden." Käme es so, würde das früher oder später die ganze Planung über den Haufen werfen, und es bräuchte einen Plan B. Vielleicht liegt der schon auf den Festplatten der Konzeptionäre im Bendlerblock oder in Straußberg und Gatow. Oder – Plan C – man fährt auf Sicht und wuselt sich durch.

Jedenfalls scheint es schwer vorstellbar, dass es in absehbarer Zeit in Deutschland zu Koalitionsbildungen kommt, die in Fragen des Verteidigungshaushalts ausgabefreudiger wären als Schwarz-Rot. Eine denkbare Jamaika-Koalition aus CDU/CSU, Bündnis 90/Die Grünen und FDP oder auch Schwarz-Grün dürften mit den Grünen einen Bündnispartner haben, der kaum über die Finanzierungsbereitschaft der Sozialdemokraten hinausgehen wird. Und eine rot-rot-grüne oder grün-rot-rote Konstellation dürfte erst recht nicht bereit sein, über die Finanzpläne der Großen Koalition hinaus den Verteidigungsetat wesentlich zu steigern, ebenso wenig eine Ampel (Grün-Gelb-Rot), egal in welcher Reihenfolge die Lichter montiert sind. Finanzpolitisch hat die Bundeswehr nichts Besseres zu erwarten als das, was sie hat. Damit muss die Planung umgehen, gegebenenfalls umplanen, dafür sorgen, dass weniger Geld sinnlos verbrannt wird, dass die Komplexität neuen Geräts nicht dessen Funktionsfähigkeit sabotiert, bessere Strukturen einnehmen, persönliche Verantwortung zulassen, mehr insourcen, das heißt: selbst können.

Die Kosten militärischer Kleinstaaterei

Nun war die Europäisierung der Verteidigung nie als Einsparprojekt gemeint. Beide Bündnisse, Nato und EU, haben sich eine Selbstverpflichtung zu steigenden nationalen Verteidigungsbudgets auferlegt. Alle tun jetzt mehr, aber erst wenn sie dieses Mehr zusammenlegen, bekommt es einen doppelten Nutzen. So etwa lautet die Philosophie.

Und von A wie Albanien bis Z wie Zypern ist da viel militärischer Mangel, Haushaltsnot und Fähigkeitselend zu addieren. Hier eine unvollständige Liste: **Albaniens** BIP-Quote betrug 2018 nach Nato Angaben 1,2 Prozent; die Militärausgaben lagen bei 180 Millionen US-Dollar; und die Armee hatte 7.000 aktive Soldaten im Dienst. **Belgiens** BIP-Quote lag 2018 bei 0,9 Prozent; die Militärausgaben bei 5 Milliarden Dollar; die Truppenstärke bei 27.000. **Dänemark**: 1,2 BIP-Prozent; 4,4 Milliarden Dollar;

17.000 Soldatinnen und Soldaten. **Estland**: 2,1 BIP-Prozent; 600 Millionen Dollar; 6.000. **Frankreich**: 1,8 BIP-Prozent; 52 Milliarden Dollar; Truppenstärke 208.000. **Griechenland**: 2,3 BIP-Prozent; 5 Milliarden Dollar; 105.000. **Italien**: 1,2 BIP-Prozent; 26 Milliarden Dollar; 180.000. **Kroatien**: 1,3 BIP-Prozent; 800 Millionen Dollar; 15.000. **Litauen**: 2,0 BIP-Prozent; 1,1 Milliarden Dollar; 15.000. **Niederlande**: 1,4 BIP-Prozent; 13 Milliarden Dollar; 41.000. **Norwegen**: 1,6 BIP-Prozent; 7,3 Milliarden Dollar; 20.000. **Österreich** (nicht nach Nato-Kriterien, sondern nach SIPRI- und IISS-Daten): 0,7 BIP-Prozent; 3,4 Milliarden Dollar; 21.000. **Polen**: 2,0 BIP-Prozent; 12,1 Milliarden Dollar; 118.000. **Schweden** (SIPRI/IISS): 1,0 BIP-Prozent; 6,2 Milliarden Dollar; 30.000. **Slowenien**: 1,0 BIP-Prozent; 570 Millionen Dollar; 7.000. **Spanien**: 0,9 BIP-Prozent; 14 Milliarden Dollar; 121.000. **Tschechien**: 1,1 BIP-Prozent; 2,8 Milliarden Dollar; 25.000. **Ungarn**: 1,1 BIP-Prozent; 1,7 Milliarden Dollar; 19.000. **Großbritannien**: 2,1 BIP-Prozent; 61 Milliarden Dollar; 145.000. **Vereinigte Staaten von Amerika**: 3,5 BIP-Prozent; 706 Milliarden Dollar; 1.314.000. **Zypern** (SIPRI/IISS): 1,6 BIP-Prozent; 420 Millionen Dollar; 15.000.

Zum Vergleich nach gleicher Systematik **Deutschland** im Jahr 2018: 1,2 BIP-Prozent; 51 Milliarden US-Dollar Militärausgaben nach Nato-Kriterien; 183.000 aktive Soldatinnen und Soldaten. Die großen militärischen Partnernationen in Europa, Frankreich mit 52 Milliarden Dollar (BIP-Quote 1,8 Prozent) und Großbritannien mit 61 Milliarden Dollar (2,1 Prozent), liegen jetzt schon, was die nominelle Höhe der Budgets angeht, relativ nah bei Deutschland. Am meisten Bewegung nach oben auf dem Weg zum Zwei- oder jedenfalls zum 1,5-Prozent-Ziel ist in den nächsten Jahren von den Deutschen zu erwarten. Die anderen beiden haben das Nato-Ziel schon fast erreicht oder sogar übererfüllt. Käme Deutschland auf 1,5 und Großbritannien und Frankreich kämen jeweils auf 2 Prozent, so würde das deutsche Verteidigungsbudget das französische voraussichtlich überholen und das britische einholen. Damit wäre Deutschland immer noch kein schrecklicher „Militärbulle" in Europa, vor dem der SPD-Vorsitzende Sigmar Gabriel in seinem früheren Leben einmal gewarnt hatte, aber doch – wie man heute sagt – auf Augenhöhe mit den beiden potentesten Partnern. Ob der deutsche Budget-Aufwuchs nach dem Nato-Zieljahr 2024 über die nach Brüssel gemeldeten 1,5 BIP-Prozent hinausgehen wird, dürfte von der Entwicklung der sicherheitspolitischen Lage wie auch von der Entwicklung der politischen Mehrheitsverhältnisse in Deutschland abhängen. Eine Zwei-Prozent-Bundeswehr müsste sicher um einiges größer sein als die heutigen Sollzahlen und müsste wohl auch zusätzliche Dinge können, die in der aktuellen Nato-Fähigkeitsplanung und im deutschen "Fähigkeitsprofil" von der Bundeswehr nicht gefordert sind.

Da Deutschland zudem keine Lasten für eine eigene Atombewaffnung tragen muss wie die UN-Vetomächte Großbritannien und Frankreich und auch nicht wirklich beabsichtigt, wie Paris und London eigene Flugzeugträger zu bauen und auszustatten, darf von der Bundeswehr heute erwartet werden, dass sie in der Mitte Europas jedenfalls das Gros einer konventionellen, kampfstarken und abschreckungsfähigen Heeresmacht stellt. Verstärkungen über den Atlantik dauern lange. Auch Beiträge aus Spanien, Italien oder Griechenland hätten weite Anmarschwege. Dies ist eine der strategischen Hauptverantwortlichkeiten Deutschlands in der Nach-2014-Zeit: nicht nur Drehscheibe für die im Osten gegebenenfalls erforderlichen Allianztruppen zu sein, sondern selbst den präsenten Kern dieser Truppen zu stellen.

Europäisierung kann dabei helfen, ersetzt aber nicht den eigenen Beitrag. Wenn Brigaden aus den Niederlanden und Tschechien und vielleicht auch aus Ungarn und Polen von vornherein durch ehemals deutsche, jetzt multinationale Divisionsstäbe geführt würden, hätten die drei deutschen Großverbände naturgemäß ein anderes Gewicht als die Summe der Einzelteile. Ein vierter deutsch-französischer Divisionsstab, der deutsche, französische und vielleicht belgische Brigaden führen könnte, wäre in dieser Hinsicht praktisch noch eindrucksvoller als die mehr oder weniger symbolische deutsch-französische Brigade. Dies wären gemeinsam mit den US-Verstärkungen die schnellen *follow on forces* für die Bündnisverteidigung im Osten.

Das Internationale Institut für strategische Studien (IISS) hat einmal überschlägig ausgerechnet, was es die Europäer kosten könnte, wenn sie ihre Verteidigung ohne die USA organisieren müssten. Für den Fall, dass eine globale europäische Marinepräsenz erforderlich wäre, um etwa eigene Handelsinteressen zu schützen, kommen die Londoner Wissenschaftler auf Kosten von gut 100 Milliarden US-Dollar zusätzlich, um die entsprechenden Fähigkeitslücken zu schließen. Ginge es um die Wiedererlangung der territorialen Integrität von Bündnispartnern in Osteuropa, also die Eindämmung und Abwehr einer russischen Aggression, errechnen die IISS-Leute einen Investitionsbedarf von 288 bis 357 Milliarden US-Dollar für die ergänzende Rüstung. In ihren Szenarien nennen sie die Operation der Rest-Nato *Eastern Shield* beziehungsweise *Eastern Storm*. Und genau so würde sie wohl auch heißen: die MJO[+], die *Major Joint Operation Plus* – deren Ausgangsszenario es natürlich mit aller Macht zu verhindern gilt.

Übrigens zeigen nicht erst die Zahlen, dass eine Verteidigung Europas ohne die USA weder wünschenswert noch realistisch ist. So schmal auch der präsente Anteil Amerikas an der Nato-Verteidigung in Europa gegenwärtig geworden ist – der Wissenschaftliche Dienst des US-Kongresses schreibt 2019 über die enorme BIP-Quote des amerikanischen Militärs: „Nur ein kleiner Anteil dieser Ausgaben geht an die Nato und die Sicherheit Europas" –, ohne das gewaltige Potenzial der überseeischen US-Militärmacht und -Industriebasis wäre das Europa der militärischen Kleinstaaterei zu schwach zur dauerhaften Selbstbehauptung.

Industrielle Fragmentierung überwinden

Volle Interoperabilität, Standardisierung, gleiche Ausrüstung und gleiche Ausbildung, vereinheitlichte taktische Verfahren und eine gemeinsame militärische Führung – das böte Gewähr für den höchsten Gefechtswert und den effektivsten Einsatz der Mittel. Europas Steuerzahler finanzieren im Moment viel zu viele Doppelt- und Dreifachunzulänglichkeiten. Neben dem deutsch-britisch-italienisch-spanischen Eurofighter bauen europäische Rüstungsunternehmen noch zwei weitere Kampfflugzeuge der gleichen Klasse, Frankreichs Rafale und Schwedens Gripen. Manche Luftstreitkräfte in Nato- und EU-Europa haben auch US-Jagdbomber vom Typ

F16 gekauft oder fliegen die alten MIGs aus Sowjetzeiten weiter. Bei den Kampfpanzern konkurrieren deutsche Leoparden mit britischen, französischen, amerikanischen und sowjetischen Mustern. Noch mehr teuer erkaufte Vielfalt gibt es bei Schützenpanzern und geschützten Transportfahrzeugen, bei Artillerie und Funkgeräten. Auch Fregatten, U-Boote und Unterstützungsschiffe im Dienst der jeweils nationalen Seestreitkräfte repräsentieren eine beeindruckende Fähigkeit zur immer wieder hochgeheimen Neuentwicklung des Gleichen oder Ähnlichen. In Brüsseler Papieren werden 178 unterschiedliche Typen von Hauptwaffensystemen in Europa entsprechenden 30 der Vereinigten Staaten gegenübergestellt.

Das heißt nicht, dass es nicht Gemeinschaftsprogramme gäbe, sogar sehr erfolgreiche Programme. Die gibt es seit Jahrzehnten, angefangen mit dem deutsch-französischen Transportflugzeug Transall in den 1960er Jahren über den deutsch-britisch-italienisch-spanischen Jagdbomber Tornado, das deutsch-niederländische Heeresprojekt Fennek und die Eurofighter-, Tiger- und NH-90-Konsortien bis hin zum großen A400M-Transportflugzeug oder etwa der gemeinsamen Lenkflugkörperentwicklung Deutschlands mit Schweden und mit Norwegen. Solche Gemeinschaftsprojekte gibt es auch etwa zwischen Frankreich und Italien bei Entwicklung und Beschaffung neuer Fregatten, Luftabwehrraketen und Satelliten.

Aber das alles ist Stückwerk. Die Typenvariabilität in Europa übersteigt die der amerikanischen Streitkräfte um das Sechsfache – mit allen Folgen für Wartung, Instandsetzung und Ersatzteillogistik, für Betriebsstoffe und Munition, für Ausbildung, Stationierung und Einsatz. Zu den unterschiedlichen konkurrierenden europäischen Eigenentwicklungen kommen außerdem immer noch amerikanische Kauflösungen und das Erbe der Sowjettechnik ehemaliger Warschauer-Pakt-Mitglieder hinzu. Der Konsolidierungsbedarf ist enorm.

Und wenn Konsolidierung nicht bloß heißen soll *buy american*, wie einige mittel- und osteuropäische Nato-Neumitglieder meinen, dann muss das Europa der Verteidigung gewiss auch industriell leistungsfähiger werden: einheitlicher, preiswerter, schneller, lieferfähiger. Der gute Wille zur

Europäisierung allein nützt wenig, wenn der europäische Schützenpanzer oder das Jagdflugzeug am Ende unerschwinglich ist. Teure Produkte europäischer Industrie können und wollen sich oft eigentlich nur die Nationen leisten, deren Unternehmen selbst maßgeblich mit Wertschöpfung, Arbeitsplätzen, Steuern und Sozialabgaben von dem Projekt profitieren.

Europäische Wehrtechnik muss in Zukunft zuallererst die moderne Ausrüstung aller europäischen Armeen im Blick haben. Das wäre ihr Daseinszweck, darauf muss sie ihre Strukturen ausrichten. Was hingegen nicht als Geschäftsmodell taugt, ist auch klar: ihre teuersten Waffensysteme den superreichen Feudalherrschern in der arabischen Ölwüste zu Fantasiepreisen anzubieten – Kick-back-Korruptionsverstrickungsalarm immer mit inbegriffen. Das kann die Seriosität europäischer Unternehmer nachhaltig untergraben.

Eine Vereinheitlichung der Ausrüstung in Nato- und EU-Europa auf vergleichbarem Hightech-Niveau mit den USA erfordert eine Konsolidierung der europäischen wehrtechnischen Basis. Die herkömmliche Industriestruktur ist zu kleinteilig und überwiegend zu national. Schon bei rein deutschen Beschaffungsvorhaben müssen zum Beispiel zwei im Wettbewerb stehende Panzer bauende Systemhäuser zusammengezwungen werden, um gemeinsam ein neues Gefechtsfahrzeug zu entwickeln. Daraus ergeben sich kaum Synergieeffekte, aber erwartungsgemäß nicht selten Friktionen, wenn es um technische, juristische oder ökonomische Probleme geht. Ein verantwortlicher Hauptauftragnehmer dürfte für den staatlichen Kunden meist besser sein als eine Programmgesellschaft, in der die Wettbewerber ihren Erfolg gegeneinander maximieren müssen – und wenn nicht gegeneinander, dann zulasten des Auftraggebers, der Beschaffungsbehörde, das heißt am Ende des Steuerzahlers. So verdrängen kostenmäßig ausufernde Programme die Beschaffung anderer nötiger Ausrüstung. Das mag egal sein für die schon engagierte Industrie, ist aber schlecht für die Truppe und für andere Unternehmen, deren Angebote zum Füllen weiterer materieller Lücken vertagt werden müssen.

Den dritten Einsatzgruppenversorger (EGV) für die deutsche Marine bauten, weil angeblich kein Schiffbaubetrieb eine Nichtbeteiligung am

Projekt überlebt hätte, vier Werften gemeinsam. Das Schiff kostete so viel wie die ersten beiden EGVs zusammen. Möglicherweise kann EGV Nummer 3 irgendetwas mehr, was die anderen beiden nicht können, aber die Verdopplung der Kosten geht doch wesentlich auf das Konto Standortpolitik. Dafür kann man argumentieren. Aber besser wäre eine Industriestruktur deutscher leistungsfähiger nationaler Champions, die nach und nach bereit sind, mit anderen transnational zu europäischen Champions zu verschmelzen. Niemand muss glauben, dass das teurer wäre als die künstliche Aufrechterhaltung von Wettbewerb, koste es, was es wolle, im nationalen Beschaffungsrahmen.

Wer aber wäre in Deutschland politisch zuständig für die überfällige Konsolidierung unserer Rüstungsindustrie? Im Jahr 2000 hatte Gerhard Schröder einmal den Versuch einer nationalen Konsolidierung unternommen. Spitzenvertreter der Marine- und der Heeresindustrie einigten sich damals mit Kanzler und Verteidigungsminister auf dieses Ziel. Wirklich vorangekommen ist man aber, abgesehen von der Fusion des U-Boot-Baus, seither nicht. Die Zahl konkurrierender Anbieter ist in manchen Bereichen eher noch gewachsen. Aus dem Bundeswehretat werden alle bedient. Das Gewicht gerade der sogenannten „systemfähigen" Unternehmen ist hoch. Sie können damit kalkulieren, dass die Regierung sie nicht auf Dauer leer ausgehen lassen kann, wenn nicht Know-how, Arbeitsplätze und Standorte verloren gehen sollen. Das hat durchaus seine Rationalität, aber eben auch seine Kosten. Insofern macht die Regierung jeden Tag, ob sie will oder nicht, blind oder bewusst eine bestimmte Art von Industriepolitik: die Bewahrung eines nationalen Status quo. Für die neue Europäische Verteidigungsunion aber braucht Europa eine leistungsfähige, robuste, supranationale Industriestruktur, die neue Standards setzt. Weniger ist mehr.

Traditionell pflegt in Deutschland das Verteidigungsministerium eine sehr vornehme Distanz zu seinen Hoflieferanten. Man gibt sich meganeutral und desinteressiert, als hätte nicht jede Entscheidung zur Beauftragung der Rüstungsindustrie so oder so fundamentale Auswirkungen auf die Einsatzbereitschaft und den Alltag der Soldaten – ob nun die neuen Kriegsschiffe um Jahre zu spät kommen oder der Flug ins Einsatzgebiet sich um Tage verzögert, weil man für den geschützten Transport immer noch auf die US Air Force angewiesen ist.

Auch Nichthandeln hat Folgen. Besser wäre es deshalb, einen neuen Anlauf zu starten. Die deutsche Regierung könnte beispielsweise zu einem europäischen Rüstungsgipfel einladen und so der laufenden militärischen Integrationspolitik eine industriepolitische Komponente hinzufügen. Von selbst kommt nichts. Man muss es wollen. Wer „mehr Europa" in der Verteidigung will, sollte sich nicht scheuen, in diesem Sektor eine bewusste europäische Industriepolitik zu machen – mit dem Ziel europäische Technologieführer zu schaffen, so wie Airbus das im Bereich der zivilen Luftfahrt geworden ist. Auch eine einheitliche Rüstungsexportkontrolle gehört dazu.

Besonders kompliziert zu überschauen ist das Problem mit dem Rüstungsexport eigentlich nicht. Erstens, europäische Staaten machen sich mit einer unterschiedlichen Genehmigungspraxis gegenseitig Konkurrenz, entweder ökonomisch oder moralisch. Und zweitens, bei Gemeinschaftsprodukten oder Komponentenabhängigkeit kann ein Land den Export des anderen ausbremsen. Für die US-Regierung ist dies längst gängige, gewollte Praxis mit einem eigenen Reglement (ITAR): Deshalb bauen nichtamerikanische Hersteller besser keine US-Komponenten in ihre Rüstungsprodukte ein, *ITAR-free* heißt das dann. Als Schreckgespenst für den europäischen Konsolidierungsprozess wird nun gelegentlich mit *german free* gedroht, weil die deutsche Regierung angeblich so viel eigentlich unproblematisches Exportgeschäft in Drittstaaten blockiert.

Aber was ist unproblematisch? Französisch-deutsche Panzerabwehrraketen für Libyens Diktator Gaddafi, als der noch an der Macht war und in seinem Beduinenzelt beim Staatsbesuch in Paris Hof hielt? Ein deutsches Gefechtsübungszentrum für die russischen Landstreitkräfte? Französische Hubschrauberträger für Putins Marine? Deutsche Küstenschutzboote für Saudi-Arabien? Modernste Leoparden für Katar? Flugabwehrraketen, U-Boote und Fregatten für Ägypten? Das eine läuft, das andere nicht, selbst wenn es schwimmt. Export in Drittstaaten kann im deutschen und im europäischen Interesse sicherheitspolitisch sinnvoll sein. Aber welcher Maßstab gilt?

Die beiden grünen Außenpolitikexperten Katja Keul aus dem Deutschen Bundestag und Reinhard Bütikofer aus dem Europäischen Parlament kritisieren zu Recht in einem Arbeitspapier der Bundesakademie für Sicherheitspolitik, das deutsche Rüstungskontrollsystem sei gar nicht so restriktiv, wie es oft schiene, sondern einfach „unberechenbar". Auch Unternehmen selbst könnten „die Genehmigungspraxis der Regierung nicht vorhersehen". Das französische System dagegen sei gar nicht immer exportfreundlicher als das deutsche. Frankreich achte im Gegensatz zu Deutschland durchaus besser darauf, „dass seine Waffenausfuhr-Kontrollinstrumente durch ausländische Niederlassungen französischer Unternehmen nicht umgangen werden".

Im Aachener Vertrag vom Januar 2019 und in einer Zusatzvereinbarung haben Berlin und Paris nun deutlich gemacht, dass sie jedenfalls den französisch-deutschen rüstungsexportwirtschaftlichen Dualismus in Europa überwinden wollen. Es soll zu gemeinsamen Standards und einer gemeinsamen Praxis kommen. Dafür hat die schwarz-rote Bundesregierung in Fortschreibung der rot-grünen Rüstungsexport-Grundsätze aus dem Jahr 2000 einige neue Formulierungen gefunden, etwa was Kleinwaffenexport in Drittländer, Geringfügigkeitsregeln bei Komponentenabhängigkeit, Endverbleibskontrolle und Berichtspflichten angeht. Ob das, wie im Koalitionsvertrag vereinbart, eine „Schärfung" der politischen Grundsätze ist oder eben nur eine aktualisierte Ausgangslage für die Verhandlungen mit Frankreich, sei dahingestellt. Die Regierung von Emmanuel Macron jedenfalls drängt. Sein Finanzminister Bruno Le Maire sagte kurz nach dem Aachener Vertragsschluss der *Welt am Sonntag*: „Es ist nutzlos, durch verbesserte Kooperation zwischen Frankreich und Deutschland Waffen herzustellen, wenn man nicht in der Lage ist, sie zu exportieren." Und: „Wenn man wettbewerbsfähig und effizient sein will, müssen wir in der Lage sein, auch in Länder außerhalb Europas zu exportieren." So klingt die französische, klassisch globalistische Ausgangsposition. Die deutsche sollte da etwas europazentrierter sein, aber den Konsens suchen.

Eine nahe liegende Lösung für das Exportproblem dürfte am Ende in einer doppelten Institutionalisierung bestehen: erstens gemeinsame verbindliche Exportregeln, vereinbart zwischen Deutschland, Frankreich und möglichst vielen weiteren Staaten in Europa, und zweitens eine gemeinsame europäische Behörde, die für die Genehmigungen zuständig ist, vielleicht so unabhängig wie die Europäische Zentralbank. Für die Ratifizierung des Vertrags über die Errichtung einer solchen supranationalen Behörde bräuchte es dann genau das, was die Grünen Keul und Bütikofer schon für die rein nationale Regelung fordern: ein Gesetz.

Kein Mangel an Projekten

Was heute an militärischen Beständen aufzufüllen, an Fähigkeiten zu ergänzen und an multinationaler Standardisierung zu bewerkstelligen ist, muss auch in der Welt von 2030 noch modern sein. Und Modernisierungsprogramme für die Zeit danach müssen heute beginnen. Auch hier, im Bereich künftiger rüstungswirtschaftlicher Kooperation, steht Europa keineswegs mehr ganz am Anfang. Der Weg ist markiert. Es ist neben FNC, PESCO und den bilateralen militärischen Integrationsprogrammen gewissermaßen der vierte Weg der Europäisierung. Wie Deutschland und die Niederlande bei der Verschmelzung ihrer Landstreitkräfte mit gutem Beispiel vorangehen, so treten als Schrittmacher bei der Rüstung Frankreich und Deutschland gemeinsam auf.

Schon etwas älter ist hier das Projekt Eurodrohne, für das Deutschland die Federführung übernommen hat. Mit dabei sind Frankreich, Italien und Spanien; geplante Einführung: 2025. Bis dahin hat Deutschland israelische Heron-1- und Heron-TP-Maschinen gemietet, andere nutzen amerikanische Reaper- und Predator-Drohnen für Aufklärung und Wirkung am Boden.

Als größtes europäisches Rüstungsprojekt startet gegenwärtig das *Future Combat Air System* (FCAS). Es soll als Kampfflugzeug der sechsten Generation ab 2040 den Eurofighter und die Rafale ersetzen. Neben dem voraussichtlich wieder bemannten Flieger soll das Gesamtsystem Drohnenschwärme und eine Menge bisher nicht realisierbarer Science-Fiction-Technik beinhalten, wofür mit Entwicklungskosten von 80 bis 100 Milliarden Euro kalkuliert wird. Bei zwei nationalen Haushalten über 20 Jahre wären das prohibitive zwei Milliarden Euro im Jahr, wenn nicht andere Entwicklungspartner hinzukommen. Spanien ist deshalb bereits mit an Bord. Und um die Briten, die noch mit einem eigenen Projekt insulare Eigenständigkeit zu imaginieren versuchen, wird eifrig geworben. Die Federführung für das Flugzeug liegt bei Frankreich. Dabei sollen die Arbeitsanteile von deutscher und französischer Industrie gleich groß sein, auch wenn weitere Partner hinzustoßen. Ideal wäre es, wenn hier nicht zu oft über den Eindruck gestritten werden müsste, die eine Seite wolle die andere über den Tisch ziehen. Aber noch ist es ein bisschen so.

Gewisse Auswirkungen hat das FCAS-Projekt schon heute auf die deutsche Beschaffungspolitik. Als Ersatz für die verbliebenen 80 Tornado-Jagdbomber aus den 1980er und 1990er Jahren (Luftwaffe und Marine verfügten einmal über mehr als 400 davon) soll nun auf keinen Fall der amerikanische hyperdigitale Stealth-Jet F35, den gerade etliche andere Armeen in Europa für ihre Luftstreitkräfte einführen, angeschafft werden, sondern wohl die ältere amerikanische F18 als potenzieller Atomwaffenträger. Frankreich hatte extrem besorgt auf die deutsche Auswahlentscheidung geblickt – weil man bei einer Entscheidung für die F35 Konkurrenz zum gemeinsamen FCAS-Projekt fürchtete. Allerdings müsste das neue europäische Waffensystem in 20 Jahren ohnehin deutlich mehr können als der *Joint Strike Fighter* F35 heute. Sonst wäre eine nachholende europäische Entwicklung für nur die gleiche schon existierende Technik sinnlos!

Oder vielleicht auch nicht. Wer heute den amerikanischen Super-Allzweckjet kauft, willigt gleichzeitig ein, alle Flugdaten aller Flieger in allen Missionen mit dem amerikanischen Datenauswertezentrum „zu teilen". Nur wenn die Zentrale immer alles weiß, bleibt der Flugbetrieb jederzeit sicher, so die US-offizielle Rechtfertigung. Das muss man mögen.

Entsprechende Erfahrungen hatte die Bundeswehr schon einmal bei dem Versuch gemacht, verfügbare amerikanische *Global-Hawk*-Drohnen für ihre EuroHawk-SIGINT-Aufklärer zu nutzen. In einem Untersuchungsausschuss des Deutschen Bundestages kam heraus, dass das zugehörige Missionsplanungssystem nicht zum Kaufpaket gehörte, es war – *american eyes only* – nicht exportierbar. Insofern hätte dieses eindrucksvolle unbemannte Flugzeug für große Höhen immer auch an einer Leitung nach Amerika gehangen. Das Projekt wurde abgebrochen, überwiegend aus anderen Gründen, aber auch dies wäre einer gewesen

Gegen die moderne F35, für deren Erwerb sich unter anderem zwei ehemalige deutsche Luftwaffeninspekteure eingesetzt hatten, wird zudem ins Feld geführt, dass die Eigenschaft der extrem geringen Radarsignatur möglicherweise bald wertlos werden könnte, wenn die neue Technik des Passivradars Verbreitung findet. Auch die deutsche Industrie arbeitet bereits daran. Passivradare strahlen nicht selbst, sondern nutzen alle bereits vorhandene Strahlung für die Messung von Anomalien im beobachtbaren Frequenzsalat ihres Himmelsabschnitts. Damit wäre der Stealth-Vorteil dahin und das Wunderflugzeug eine leicht zu bekämpfende „relativ schwerfällige Eier legende Wollmilchsau", wie ein aktiver Luftwaffengeneral einwendet.

Deshalb könnte eine autonome europäische Entwicklung in jedem Fall von Vorteil sein, politisch, technisch, militärisch. Wenn FCAS in den nächsten Jahren Gestalt annimmt und nicht noch an den Unwägbarkeiten der weiteren Entwicklung Europas scheitert, wird es das mit Abstand umfangreichste Rüstungsprogramm, das die Staaten diesseits des Atlantiks jemals gemeinsam verwirklicht haben. Das sollte sich dann auch auf die europäische Konsolidierung der Industrie, vom Flugzeugbau über Antriebstechnik und Lenkflugkörper bis hin zur elektronischen Kampfführung, auswirken.

Weitere militärisch-technische Integrationsprojekte, die zwischen Deutschland und Frankreich – offen für andere – vereinbart sind, beanspruchen weniger gigantische Entwicklungsetats als FCAS, könnten aber auch die Ausrüstung der europäischen Streitkräfte auf Jahrzehnte prägen. Dabei geht es um das künftige *Main Ground Combat System* (MGCS), den Nachfolgekampfpanzer für Leopard 2 und Leclerc, Federführung: Deutschland. Es soll ein *Common Indirect Fire System* entwickelt werden als Nachfolge für die bisherigen Artilleriewaffen der Landstreitkräfte (Raketenwerfer Mars, Panzerhaubitze, schwere Mörser); außerdem ein neues Seefernaufklärungsflugzeug als Ersatz für P-3C Orion und Breguet Atlantique 2 und eine gemeinsame Kampfwertsteigerung des Tiger-Hubschraubers („Mark III").

Wichtig wird bei all dem sein, keinen technischen Allmachtsfantasien und Machbarkeitsillusionen zu erliegen. Die Projekte müssen fertig werden. Und sie müssen bezahlbar bleiben. Preise und Stückzahlen sind nicht egal. In den Zeiten der extremen Schrumpfung mochte es angehen, dass die Bundeswehr, um an ihren großen Modernisierungsprojekten festhalten zu können, sich auf eine zeitliche Streckung der Programme, auf das Zusammenstreichen der Stückzahlforderung und auf ein unendliches Weiterentwickeln der nun ja erst später zulaufenden Hightech-Produkte einließ – auch damit die Industrie bei reduzierter Liefermenge trotzdem den ursprünglich vereinbarten Gesamtpreis in Rechnung stellen konnte. Das half damals, die wehrtechnische Basis im Land zu erhalten und auf dem fortgeschrittensten Technikstand zu bleiben.

Heute ist dies aber keine Option. Die Existenz der Unternehmen steht nicht mehr infrage. Sie werden gebraucht. Neubauprogramme laufen an. Die alten sollten schleunigst abgeschlossen werden. Und in der neuen Zeit nach der *Post-Cold-War*-Epoche geht es auch wieder um Stückzahlen. Die *Financial Times* zitierte schon 2016 aus einem Vermerk für den britischen Verteidigungsminister: „Kleine Stückzahlen extrem teurer militärischer Ausrüstung machen die britischen Fähigkeiten ‚extrem fragil'." Das gilt für alle anderen Hightech-Nationen ganz genauso. Und gerade bei den maximal modernen Waffensystemen, dem „fliegenden Computer" oder dem „Smartphone auf Ketten", ist bisher die Fehleranfälligkeit unverhältnismäßig hoch. In einem Schreiben des deutschen Verteidigungsministeriums ans Parlament heißt es im Herbst 2018: „Die Auslieferqualität der A400M und der Schützenpanzer Puma ist weiterhin steigerungsfähig." Im Jahr 2017 seien acht A400M und 71 Puma ausgeliefert worden, „davon sind vier A400M und 27 Puma einsatzbereit".

Nicht umsonst warnen Offiziere des Heeres vor technischer Über-komplexität und Überforderung der Soldaten. *Keep it simple* bleibt eine ewig gültige Maxime für die militärische Ausrüstung. Sie muss unter krassem Stress, im Gefecht unter Feuer, auch wenn Teile ausgefallen sind, noch bedienbar sein und verlässlich funktionieren. Technik darf die Soldaten nicht unbeweglich machen. Zu viel Sensorik darf nicht das totale Lagebild vorgaukeln, das es nie geben wird. Auf alles reagieren zu können, weil man so viele Informationen aufnehmen und verarbeiten kann, ist nicht wirklich besser als das genaue Gegenteil dieses Reaktionsmodus – die Initiative. Man darf sie nicht unmerklich verlieren, während man glaubt, etwas Entscheidendes zu tun, indem man auf hochauflösenden farbigen Bildschirmen herumwischt. Afghanistan, Irak und andere militärische Interventionen des Westens haben durchaus eindrucksvoll die Verlorenheit hochüberlegener Militärtechnik in asymmetrischen Szenarien demonstriert.

Selbstbehauptung Europas

So wie der neue Begriff Resilienz im deutschen Weißbuch 2016 einen Wechsel der Perspektive auf das sicherheitspolitische Universum anzeigt, so steht in der europäischen *Global Strategy* aus demselben Jahr der Begriff strategische Autonomie für ein neues Denken, eine neue Perspektive, eine ganze Republik neuer Ambitionen.

Ein Autorenteam der Stiftung Wissenschaft und Politik (Barbara Lippert, Nicolai von Ondarza, Volker Perthes) definiert in einer eigenen Studie 2019 sehr nüchtern die neue Begrifflichkeit: „Grundsätzlich verstehen wir unter strategischer Autonomie die Fähigkeit, selbst außen- und sicherheitspolitisch Prioritäten zu setzen und Entscheidungen zu treffen, sowie die institutionellen, politischen und materiellen Voraussetzungen, um diese in Kooperation mit Dritten oder, falls nötig, eigenständig umzusetzen." Oder anders herum: „Das Gegenteil strategischer Autonomie wäre ein Status als Empfänger von Regeln und strategischen Entscheidungen, die Dritte – die USA, China oder Russland – mit unmittelbarer Wirkung für Europa treffen."

China etwa ist systematisch bestrebt, durch stetige Aufrüstung die Machtverhältnisse in Ostasien wie auch global zu seinen Gunsten zu verschieben. Inzwischen ist ein dritter Flugzeugträger in Bau, die Militärausgaben haben sich in den letzten zehn Jahren fast verdoppelt, und es gibt eine wachsende chinesische Rüstungsindustrie, mit deren Hilfe das Land von einem Importeur mittlerweile zu einem großen Exporteur von Rüstungsgütern geworden ist. Der sich hierin manifestierende Expansionsdrang betrifft machtpolitisch nicht nur Taiwan, Südkorea, Japan, Indonesien, die Philippinen, Malaysia, Vietnam, Kambodscha, Australien und Indien, sondern auch in besonderer Weise die USA als herausgeforderte Weltmacht – und, selbst wenn man es hier noch kaum spüren mag, Europa.

Die SWP-Autoren schreiben: „Autonomie ist – ähnlich wie der inhaltlich benachbarte Begriff der Macht – relational, sie realisiert sich im Verhältnis zu anderen. [...] Politisch geht es um ein Mehr an Autonomie, einen Prozess der graduellen Autonomisierung, nicht um einen absoluten Zustand. Autonomie bedeutet weder Autarkie noch Abschottung oder die Absage an Allianzen."

Es ist wie mit der im Godesberger Programm der SPD 1959 neu justierten Balance zwischen Markt und Staat – „Wettbewerb so weit wie möglich, Planung so weit wie nötig" – auch hier eine Prioritätenfestlegung: so viel Allianz mit den USA wie möglich, so viel europäische Autonomie wie nötig! Und es ist mehr Autonomie nötig geworden als in den Zeiten der einfachen Bipolarität des Ost-West-Konflikts und der Friedensdividende-Zeit danach. Ob man sich daran beteiligen will oder nicht, der gegenwärtig tatsächlich stattfindende globale Kampf um Vorherrschaft zielt auf Positionsgewinne bei der Herausbildung einer neuen Weltordnung. Und um solche Positionsgewinne wird in einer Epoche zunehmend autoritär und populistisch geführter Großmächte nicht in erster Linie am Konferenztisch gerungen, sondern in der freien Wildbahn von Handelskonflikten und Grenzstreitigkeiten, Einschüchterungspolitik und Stellvertreterkriegen.

Im Sinne einer regelbasierten Multipolarität kann EU-Europa in diesem Ringen eine positive Rolle spielen. Dafür muss es immer wieder ein Mindestmaß an außen- und sicherheitspolitischer Einigkeit und Geschlossenheit erzeugen. Und dafür muss ein gewisses Maß an militärischer Stärke (neben dem vorhandenen ökonomischen Gewicht) die Bedeutung Europas als globaler Akteur unterstreichen. Das gilt für die neu zusammenwachsenden europäischen Streitkräfte wie für die sich konsolidierende wehrtechnische Basis in Europa. Militärische Schwäche würde auf Dauer auch den Wohlstand gefährden und denen in die Hände spielen, die von innen oder von außen Europas demokratische Ordnung untergraben wollen. Deshalb ist das Konzept der strategischen Autonomie keine Hybris von politischen Vegetariern in einer Welt voller Fleischfresser, sondern eine notwendige Grundbedingung für die Selbstbehauptung Europas.

6 Demokratie braucht Wehrhaftigkeit

Konfrontation liegt global im Trend

Es schienen Sätze für die Ewigkeit zu sein, die 1990 eine neue Epoche der Weltgeschichte markierten: „Das Zeitalter der Konfrontation und der Teilung Europas ist zu Ende gegangen. [...] Europa befreit sich vom Erbe der Vergangenheit. [...] Nun ist die Zeit gekommen, in der sich die jahrzehntelang gehegten Hoffnungen und Erwartungen unserer Völker erfüllen: unerschütterliches Bekenntnis zu einer auf Menschenrechte und Grundfreiheiten beruhenden Demokratie, Wohlstand durch wirtschaftliche Freiheit und soziale Gerechtigkeit und gleiche Sicherheit für alle unsere Länder.‘ So steht es mit den Unterschriften aus Ost und West in der Charta von Paris vom 21. November 1990.

Von einem heraufziehenden Zeitalter des Friedens und der Kooperation träumten viele, als sich mit dem Ende des Kalten Krieges die bipolare Weltordnung in Wohlgefallen auflöste. Auf das Gleichgewicht des Schreckens folgte eine unipolare Ära mit den USA als verbliebenem Hegemon – und es folgten die Balkankriege und der globale Terror-Dschihad von 9/11, Weltwirtschafts- und Finanzkrisen, das Chaos des Arabischen Herbstes, quälende westliche Militärinterventionen in der islamischen Welt, Russlands hybrider Krieg in der Ukraine, IS-Vormarsch und Flüchtlingskrisen, und nicht zu übersehen: Rüstungswettlauf und wachsende Spannungen in Ostasien. Das bekannte Konfliktlösungsmuster des US-Exzeptionalismus findet inzwischen rasante Verbreitung, der amerikanische Sonderweg: Militärschläge auf eigene Rechnung trauen sich inzwischen auch Russland, die Türkei und Saudi-Arabien zu. Die Ordnungsprinzipien kollektiver Sicherheitssysteme und des Völkerrechts gelten immer weniger in diesem anarchischen Kasino der Multipolarität. Realpolitik, nationale Interessen und Geopolitik heißen heute die neuen Schlüsselbegriffe. Sie sind eigentlich sehr alt.

Als Wladimir Putin auf der Münchener Sicherheitskonferenz 2007 die beginnende russische Konfrontationspolitik mit der von ihm so wahrgenommenen westlichen Dominanz und Arroganz rechtfertigte, raunten manche Beobachter von einer Rhetorik des Kalten Krieges. Aber das Modell Kalter Krieg existiert nicht mehr. Russland ist nicht die Sowjetunion und schon gar nicht der Warschauer Pakt. Und kalt ist an den neuen Konflikten viel zu wenig, von der Ostukraine über Tripolis, Aleppo und Mosul bis Mogadischu und Maiduguri. Es wird geschossen, gebombt und gestorben. Viel zu viele Krisen sind heiß.

Innenpolitische Klimakrise

Aber es ist nicht nur die internationale Politik, die durch Unübersichtlichkeit und brutale Polarisierungen die Menschen weltweit verunsichert. Es hat sich auch im Inneren unserer westlichen Gesellschaften nach dem Ende des Kalten Krieges etwas verändert, das Anlass zur Sorge gibt. Innergesellschaftliche politische Konflikte erscheinen heute unversöhnlicher, die Polarisierung extremer, die Parolen härter. Demokratie steht unter Druck. Der *Front National* in Frankreich, die AfD in Deutschland, Trump in Amerika, Farage in Großbritannien – sie alle sehen sich außerhalb „des Systems", manche spielen mit einem bedrohlichen „Wir können auch anders". In gewisser Weise korrespondiert dieser innenpolitische Klimawandel mit der sich ausbreitenden internationalen Konfrontationskultur. Das macht vieles schwerer.

Hochkonjunktur hat leider nicht die deliberative Demokratie, nicht der aufgeklärt-inklusive Pluralismus unserer besten Jahre, sondern das dröhnende Pathos des exklusiven Kollektivsingulars: Volk, Nation, Religion. Und selbst auf der Linken scheint Polarisierung entlang von Klassengrenzen heute tendenziell neue Aktualität zu gewinnen, wie die Renaissance sozialistischer Grundhaltungen in den USA (Sanders) oder Großbritanniens (Corbyn) zeigt. Die Mitte leert sich.

In Deutschland könnte schon bald aus dem erfolgreichen, lange etablierten Dualismus der beiden großen Volksparteilager Mitte-Rechts (CDU/CSU) und Mitte-Links (SPD) ein unübersichtlicher, verdrossenheitsförderlicher Multizentrismus werden, wenn Grüne, Linke und AfD genauso aussichtsreich um Platz eins konkurrieren wie Union und SPD, jedenfalls bei Landtagswahlen. Die Spannungsachse der Bundespolitik scheint nach drei Großen Koalitionen in vier Legislaturperioden seit 2005 nicht mehr zwischen den beiden mitgliederstarken Volksparteien zu verlaufen, sondern mehr und mehr zwischen Grünen und AfD. Bei der Europawahl 2019 kamen die Grünen in Deutschland schon auf Platz zwei vor der SPD. In Umfragen haben sie seitdem gelegentlich auch schon die Union überholt. Für manche Wählerinnen und Wähler werden sie, wie die Macron-Bewegung *En Marche* in Frankreich, zum „kleineren Übel", das ersatzweise oder dauerhaft eine neue politische Mitte repräsentiert. Jedenfalls werden solche Angebote in Zeiten einer polarisierten Unübersichtlichkeit dringend gebraucht.

Politikverdrossenheit und Demokratiedistanz erleben wir heute in zu großen Teilen unserer Gesellschaft. Das geht bis hin zu Fremdenfeindlichkeit, rechtsextremistischen Einstellungsmustern und Verschwörungsdenken ohne jegliche Plausibilitätsprüfung. Demokratie vererbt sich nicht. Sie muss von jeder Generation neu gelernt, angeeignet, eingeübt und gelebt werden. Freiheit und Recht fielen nicht vom Himmel, gerade in Deutschland nicht. Sie wurden erkämpft. Sehr viele Menschen sind gestorben dafür, dass wir heute ganz friedlich unsere Regierungen wählen und abwählen können. Unsere Ordnung der Freiheit folgt keiner Theorie der Wissenschaftlichkeit, keiner religiösen Offenbarung, sondern den politischen Kompromissen, mit denen eine pluralistische Gesellschaft den notwendigen demokratischen Konsens herstellt. Nichts ist perfekt. Vieles ist änderbar. Jeder kann mitmachen. Niemand stirbt für seine Meinung. Das ist Demokratie.

Ich wundere mich manchmal über ein rein formales Verhältnis zur Demokratie, das nicht wenige Mitbürger für das Ganze halten. Ich wundere mich über all diese aberwitzigen 100 Jahre alten Klischees vom einheitlichen „Volkswillen", vom schädlichen „Parteiengezänk" oder von den scheinbar immer „faulen Kompromissen". Diese Beobachtungen zur Renaissance antidemokratischer Einstellungsmuster bedeuten keineswegs, dass im politischen Alltagsbetrieb der Gegenwart irgendwie schon alles seine Richtigkeit hat und nur eben recht viele Mitbürgerinnen und Mitbürger die gute Politik leider nicht anerkennen wollen. Das wäre zu einfach.

Im Gegenteil: Der Politikbetrieb der Etablierten ist oft ein nicht unwesentlicher Teil des Problems. Man sollte zum Beispiel schon selbst gut über Kompromisse reden, die man in eigener Mitverantwortung ausgehandelt hat – sonst braucht man sich nicht zu wundern, wenn die Kunst des Kompromissemachens im demokratischen Publikum immer weniger Fans hat. Wer nicht erklären will oder kann, dass es in einer pluralen Gesellschaft mit den vielen unterschiedlichen Erfahrungen, Herkünften, Interessen, Lebenslagen, Meinungen und Weltanschauungen ganz vieler unterschiedlicher Menschen, die miteinander diese Gesellschaft bilden, nicht *eine* wahre alternativlose politische Lösung für jedes Problem gibt, der oder die versäumt etwas ganz Wesentliches.

Es gehört heute, aber eigentlich seit jeher, zum „Politik machen", nicht nur etwas zu wollen und zu entscheiden, sondern auch immer wieder die Bedingungen politischen Handelns zu erklären. Und für die gefundene Lösung zu argumentieren! Streit der Argumente ist etwas Gutes, Würdiges, Schönes – es darf dann aber auch nicht aussehen wie Gegnerbeschimpfung, Rechthaberei und selbstgerechtes Moralisieren.

Manchmal scheint es mir so, als ob ein Fass voller Politikverdrießlichkeiten nach Jahrzehnten des steten Tropfens nun übergelaufen ist und plötzlich den ganzen Boden, auf dem wir stehen, nass macht. Solange Sprachlosigkeit, personelle Zumutungen, Skandale, Peinlichkeiten und partielle Problemblindheiten immer nur einzelne Tropfen waren, die das Fass füllten, trafen auch die Verdrossenen ihre Wahl noch innerhalb des gewohnten Parteienspektrums oder wurden Nichtwähler. Nun ist das anders. Nicht nur in Deutschland. Und nicht nur wegen der Tendenz nach rechts außen. In Italien reüssiert ein linker Fernsehkomiker mit einer inzwischen regierenden Protestpartei; in der Ukraine wird ein hochmoralischer TV-Präsidentenschauspieler Präsident; in den USA bringt die zerstörerischste Anti-Establishment-Kampagne aller Zeiten den Milliardär und Bildschirmstar Donald Trump ins Weiße Haus. Populismus siegt, als gäbe es einen gewissen Überdruss an dem, was der deutsche Philosoph Theodor W. Adorno die durchschlagende Kraft der Vernunft genannt hat. Aber vielleicht hält sich die Vernunft momentan auch zu vornehm zurück, um durchschlagend sein zu können.

Im Zusammenhang mit den Verhandlungen des Europäischen Rats über ein für alle 28 Mitgliedsstaaten akzeptables Personalpaket zur Besetzung der EU-Spitzenämter nach der Europawahl 2019 sagte der deutsche Historiker Andreas Rödder der Zeitung *Die Welt*: „Was die EU braucht, aber das gilt für die gesamte Politik, sind authentische, sprechfähige und dadurch glaubwürdige Persönlichkeiten." Sprechfähigkeit ist nicht das Unwichtigste, Gremienkarrieren allein reichen als Qualifikationsbasis nicht aus. Kann man das ändern? Wäre das leicht? Ich weiß es nicht.

Auch Medien aller Art können dazu beitragen, die Bedingungen politischen Handelns zu thematisieren. Und die Schulen und die Elternhäuser. Sie tun es zu wenig. Aber das entschuldigt die politischen Akteure, die in parlamentarische und exekutive Verantwortung gewählt oder entsandt sind, keineswegs. *Sie* verteidigen zuallererst die demokratischen Freiheiten. Oder eben nicht. Und nicht alles, was wie Verteidigung aussieht, hilft. Die rhetorischen Überbietungswettbewerbe in den sozialen Medien etwa helfen gewiss nicht. Hass auf diejenigen, die Hass verbreiten, besiegt den Hass nicht. Allenfalls beruhigt er das eigene Gewissen.

2019 sind zwei sehr unterschiedliche Bücher erschienen, die beide Seiten des aktuellen Strukturwandels unserer Öffentlichkeit kritisch beleuchten: Bret Easton Ellis (der Autor von *American Psycho*) rechnet in seinem neuen Werk *Weiß* mit der radikalisierten Political Correctness im *juste milieu* Amerikas ab – was man alles nicht mehr sagen, denken und schreiben darf, wenn man weiter dazugehören will. „Identitätspolitik" ist ein Stichwort dieser Art der Ab- und Ausgrenzung, gegen die der links-liberale Ellis polemisch opponiert. An manchen deutschen Universitäten erlebt man solche Selbsteinschränkungen des Diskurses inzwischen auch schon.

Für den Krimibestseller *Berlin Prepper* von Johannes Groschupf bildet der Newsroom einer großen Zeitungsredaktion den absolut zeitgeistigen Hintergrund. Der Held verdient sein Geld damit, Online-Kommentare von Lesern daraufhin zu überprüfen, ob sie *hate speech* enthalten. Und vor genau dieser Sorte kommen Tag für Tag Tausende auf seinen Bildschirm. Beispiele, der Wirklichkeit abgeschaut: „Kanzlerin Merkel gehört an die Wand. Palaver unnötig. – Als Deutscher kann man für dieses Regime und seine Systemlinge nur noch Verachtung empfinden. Der Genozid am deutschen Urvolk muss gestoppt werden. Notfalls mit Waffengewalt. Wacht auf! – Moslems sind perverse Missgeburten. Merkel hetzt sie gegen uns auf." Das löscht er. Es erscheint nicht auf den elektronischen Kommentarseiten der Zeitung. Und dafür hassen dann die Wutleser den Löscher und den Verlag und die ganze Lügenpresse sowieso.

Das normative Projekt des Westens

Es wird ungemütlich, innen wie außen. Die globale Gesamttendenz geht in Richtung Eskalation: Eskalation der Sprache, der Mittel, der Abgrenzungssymbolik. Nichts davon ist naturgegeben. Man kann es ändern, den Trend umkehren. Mit Johannes Rau: „Versöhnen statt spalten". So lautete das Lebensmotiv des früheren deutschen Bundespräsidenten. Das erfordert Selbstbewusstsein, Klarheit und Geduld. Reden hilft, in der deutschen wie in der auswärtigen Politik. Erklären, zuhören, argumentieren, ausgleichen. Und wenn es noch nicht geholfen hat, ist mehr reden, mehr Diplomatie erforderlich – aus einer souveränen Position der Stärke. Was denn sonst!

Zu Selbstbewusstsein und Klarheit gehört Glaubwürdigkeit in unseren kollektiven Sicherheitssystemen. Sie müssen die zentralen Instrumente der Konfliktlösung werden: die Vereinten Nationen, die EU, die Nato, nicht vorrangig Ad-hoc-Koalitionen der Willigen. Den Vereinten Nationen die Mittel geben, derer sie bedarf, wie der Alt-Bundeskanzler und Friedensnobelpreisträger Willy Brandt es 1992 in seinem politischen Testament formuliert hat, „um Einfluss auch ausüben zu können", auch militärisch; die EU bewahren und ihre gemeinsame Sicherheitspolitik effektiv machen; und die kollektive Verteidigungsfähigkeit in Nato-Europa wiederherstellen – all dies bildet das Fundament für verantwortliches, erfolgreiches Verhandeln in allen Krisen und Konflikten. Deutschland muss diesen Weg weitergehen und sollte keine Sonderwege suchen. Unsere Verantwortung ist seit dem Ende des Ost-West-Konflikts enorm gewachsen. Die Welt erwartet viel von Deutschland. Unser Beitrag muss glaubwürdig sein, auch in der letzten militärischen Konsequenz, wenn es um Bündnissicherheit geht.

Im vierten und letzten Band seiner *Geschichte des Westens*, erschienen 2015, erteilt der große deutsche Historiker Heinrich August Winkler allem Relativismus in der Geschichtswissenschaft eine Absage. Er sieht durchaus einen Sinn in der historischen Entwicklung der letzten zwei Jahrhunderte: „Der nichtwestlichen Welt präsentiert sich der Westen heute häufig als ein uneiniges Gebilde. Die westlichen Demokratien vertreten einen schrumpfenden Teil der Weltbevölkerung. Ihre weltwirtschaftliche Bedeutung ist ebenso rückläufig wie ihr geopolitischer Einfluss. Und doch gibt es etwas, was den Westen im Innersten zusammenhält und mehr denn je seine globale Anziehungskraft ausmacht: das normative Projekt der Amerikanischen Revolution von 1776 und der Französischen Revolution von 1789 in Gestalt der unveräußerlichen Menschenrechte, der Herrschaft des Rechts, der Gewaltenteilung, der Volkssouveränität und der repräsentativen Demokratie."

Es gab fürchterliche Rückfälle in die Barbarei, Nazi-Deutschland war ein Feind des Westens. Heute gehört das neue Deutschland dazu, nach der Wiedervereinigung auch als Ganzes, verbunden mit allen unseren Nachbarn in Europa. Das ist das größte Glück unserer Geschichte. Wir müssen es fassen und verteidigen.

Dank

Die Idee zu diesem Buch verdanke ich Uwe Optenhögel, dem heutigen Geschäftsführer des Dietz-Verlages. Mit ihm und Anna Kellner gemeinsam hatte ich vor einigen Jahren ein Herausgeberprojekt der Friedrich-Ebert-Stiftung zur europäischen Verteidigungspolitik betreut, das nun, da plötzlich so viel sich so schnell in die gewünschte Richtung verändert, eine Art Fortsetzung oder Zwischenbilanz erfordert. Es hat Freude gemacht, die vielen sicherheitspolitischen Themen, die jeden Tag in der öffentlichen Diskussion stehen, an der auch ich mich fallweise beteilige, einmal systematisch einzuordnen. Aber natürlich tut man das nie allein.

Für Diskussionen, Anregungen und Recherchebeiträge zu den verschiedensten Aspekten des Buchprojekts danke ich dem „alten" Team Kellner/Optenhögel, meinen engen Mitarbeitern im Bundestag Martin Weinert, Kai Mühlstädt und Ernst Engert, Susanne Quadt und Stefanie Kluge, sowie meinem Freund Fritz Felgentreu, der nicht nur aus politischer, sondern auch aus philologischer Sicht Verbesserungen vorschlug, die ich nicht ablehnen konnte. Wertvoll war mir der Rat von General Erhard Bühler, der in seiner früheren Verwendung selbst einer der wesentlichen Akteure des Europäisierungsprozesses war, den dieses Buch zu reflektieren versucht.

Für Hilfe bei der Erfassung des Manuskripts danke ich Ute Raasch und für das sensible Lektorat Alexander Behrens. Schließlich haben auch die Studentinnen und Studenten in meinen Seminaren an der Humboldt-Universität in Berlin mit ihren weiterführenden Fragen und klugen Sichtweisen auf Deutschlands Rolle in der Welt mir geholfen, das Buch hoffentlich sinnvoll zu strukturieren.

Meine liebe Frau, Susanne Gaschke, hat mit besten Argumenten versucht, mir den seltsamen Titel „Deutschland und das Europa der Verteidigung" auszureden. Zu sperrig! Genau, wie der Gegenstand! Deshalb passt er vielleicht doch. Aber all ihre anderen Verbesserungen haben die Lesbarkeit des Werkes sehr gefördert. Dafür bin ich Susanne dankbar – und dafür, dass sie da ist.

Empfohlene Literatur

Andric, Ivo: Die Brücke über die Drina, München 1960.

Babel, Isaak: Die Reiterarmee, Darmstadt/Neuwied 1980.

Bahr, Adelheid (Hg.): Warum wir Frieden und Freundschaft mit Russland brauchen, Frankfurt/Main 2018.

Bartels, Hans-Peter / Kellner, Anna Maria / Optenhögel, Uwe (Hg.): Strategische Autonomie und die Verteidigung Europas – Auf dem Weg zur Europäischen Armee?, Bonn 2017.

Bütikofer, Reinhard / Keul, Katja: Gegenseitiges Vertrauen durch gemeinsame Exportkontrolle, Arbeitspapier Nr. 10/2019 der Bundesakademie für Sicherheitspolitik, Berlin 2019.

Bundesministerium der Verteidigung: Weißbuch 1985 zur Lage und Entwicklung der Bundeswehr, Bonn 1985.

Bundesregierung: Weißbuch 2016 – Zur Sicherheitspolitik und zur Zukunft der Bundeswehr, Berlin 2016.

Bulgakow, Michail Afanassjewitsch: Die weiße Garde, Köln 2018.

Centre for European Policy Studies / Friedrich-Ebert-Stiftung (Hg.): More Union in European Defence, Brüssel 2015.

Churchill, Winston S.: Der Zweite Weltkrieg (6 Bände), Bern 1960.

Churchill, Winston S.: Kreuzzug gegen das Reich des Mahdi, Frankfurt/Main 2008.

Deutscher Bundestag: Unterrichtung durch den Wehrbeauftragten. Drucksache 19/7200, Berlin 2019.

Ellis, Bret Easton: Weiß, Köln 2019.

Elias, Norbert: Humana conditio. Betrachtungen zur Entwicklung der Menschheit am 40. Jahrestag eines Kriegsendes (8. Mai 1985), Frankfurt/Main 1985.

Elias, Norbert: Studien über die Deutschen. Machtkämpfe und Habitusentwicklung im 19. und 20. Jahrhundert, Frankfurt/Main 1992.

Elsberg, Marc: Blackout. München 2012.

Erler, Gernot: Weltordnung ohne den Westen? Europa zwischen Russland, China und Amerika, Freiburg/Breisgau 2018.

Europäische Kommission: Shared Vision, Common Action: A Stronger Europe – A Global Strategy for the European Union's Foreign and Security Policy, Brüssel 2016.

Gabriel, Sigmar: Zeitenwende in der Weltpolitik. Mehr Verantwortung in ungewissen Zeiten, Freiburg/Breisgau 2018.

Gaschke, Susanne: Volles Risiko, München 2014.

Glatz, Rainer L. / Tophoven, Ralf (Hg.): Am Hindukusch – und weiter? Die Bundeswehr im Auslandseinsatz: Erfahrungen, Bilanzen, Ausblicke. Bonn, 2015

Groschupf, Johannes: Berlin Prepper, Berlin 2019.

Groß, Gerhard P.: Mythos und Wirklichkeit. Die Geschichte des operativen Denkens im deutschen Heer von Moltke d.Ä. bis Heusinger., Paderborn 2012.

Heritage Foundation: Index of U.S. Military Strength 2018, Washington (DC) 2018.

Hillebrand, Tom: Drohnenland, Köln 2014.

Ischinger, Wolfgang: Welt in Gefahr. Deutschland und Europa in unsicheren Zeiten, Berlin 2018.

Joas, Hans: Kriege und Werte. Studien zur Gewaltgeschichte des 20. Jahrhunderts, Weilerswist 2000.

Kadare, Ismail: Der große Winter, München 1989.

Graf von Kielmansegg, Sebastian / Krieger, Heike / Sohm, Stefan (Hg.): Multinationalität und Integration im militärischen Bereich – eine rechtliche Perspektive, Baden-Baden 2018.

Kroenig, Matthew: Russlands Nuklearstrategie gegenüber Europa – Wie organisiert man Abschreckung gegen Deeskalation mit nuklearen Schlägen? In: SIRIUS – Zeitschrift für Strategische Analysen, Bd.2/H.4 (2018).

Lippert, Barbara / von Ondarza, Nicolai / Perthes, Volker: Strategische Autonomie Europas. Akteure, Handlungsfelder, Zielkonflikte, SWP-Studie 2, Berlin 2019.

Meadows, Dennis / Meadows, Donella / Zahn, Erich / Milling, Peter: Die Grenzen des Wachstums. Bericht des Club of Rome zur Lage der Menschheit, Stuttgart 1972.

Militärgeschichtliches Forschungsamt / Zentrum für Militärgeschichte und Sozialwissenschaften der Bundeswehr (Hg.): Das Deutsche Reich und der Zweite Weltkrieg (10 Bände), Stuttgart 1979-2008.

Münkler, Herfried: Der Dreißigjährige Krieg. Europäische Katastrophe, deutsches Trauma 1618-1648, Reinbek 2017.

Münkler, Herfried: Der große Krieg. Die Welt 1914 bis 1918, Berlin 2013.

Paul, Michael: Kriegsgefahr im Pazifik. Analogien zum Großen Krieg 1914, in: SWP-Aktuell 14 (2014).

Rat der Europäischen Union: Ein sicheres Europa in einer besseren Welt. Europäische Sicherheitsstrategie, Brüssel 2003.

Remarque, Erich Maria: Im Westen nichts Neues, Berlin 1929.

Robinson, Kim Stanley: New York 2140, München 2018.

Rödder, Andreas: Wer hat Angst vor Deutschland? Geschichte eines europäischen Problems, Frankfurt/Main 2018.

Schmidt, Eric / Cohen, Jared: Die Vernetzung der Welt. Ein Blick in unsere Zukunft, Reinbek 2013.

Schroeder, Robin / Hansen, Stefan (Hg.): Stabilisierungseinsätze als gesamtstaatliche Aufgabe. Erfahrungen und Lehren aus dem deutschen Afghanistaneinsatz zwischen Staatsaufbau und Aufstandsbewältigung, Baden-Baden 2015.

Snyder, Timothy: Bloodlands. Europa zwischen Hitler und Stalin, München 2011.

Sperber, Manès: Wie eine Träne im Ozean, München 1983.

Staack, Michael / Nietz, Sonja: Deutsche Politik in Westafrika / Der Friedensprozess in Mali, Leverkusen-Opladen 2019.

Stahlberg, Rüdiger: Die verdammte Pflicht. Erinnerungen 1932-1945, Berlin 1987.

Stanzel, Volker: Die ratlose Außenpolitik – und warum sie den Rückhalt der Gesellschaft braucht, Bonn 2019.

Steinberg, Guido: Kalifat des Schreckens. IS und die Bedrohung durch den islamistischen Terror, München 2015.

Steinkamp, Volker: Foreign Affairs. Kritische Betrachtungen zur Außenpolitik, Frankfurt/Main 2018.

Tolstoi, Lew: Krieg im Kaukasus, Berlin 2018.

Varwick, Johannes / Lahl, Kersten: Sicherheitspolitik verstehen. Handlungsfelder, Kontroversen und Lösungsansätze, Frankfurt/Main 2018.

von Marschall, Christoph: Wir verstehen die Welt nicht mehr. Deutschlands Entfremdung von seinen Freunden, Freiburg/Breisgau 2018.

Winkler, Heinrich August: Was die Weltkrise den Westen lehrte. Abschied von einem Vierteljahrhundert der Hoffnung, in: Atlantik-Brücke, Band 7, 2016.

Winkler, Heinrich August: Der lange Weg nach Westen (2 Bände), München 2000.

Winkler, Heinrich August: Geschichte des Westens (4 Bände), München 2009-2015.

Woodward, Bob: Obamas Kriege, München 2010.

Verwendete eigene Publikationen des Autors

Mit Klaus Wittmann und André Wüstner: Aus Afghanistan lernen, in: Die Bundeswehr, Oktober 2016.

„Was haben die Römer je für uns getan?", in: Jacobi, Daniel / Hellmann, Gunther, Das Weißbuch 2016 und die Herausforderungen von Strategiebildung, Wiesbaden 2019.

„Geniale" Operateure?, in: Berliner Republik 3/2013.

Weniger nationale Alleingänge, bitte!, in: Wirtschaftswoche vom 13.7.2018.

Alarm für unsere wehrhafte Demokratie, in: Kompass 11/2016.

H.-P. Bartels / A. M. Kellner /
U. Optenhögel (Hg.)
**Strategische Autonomie
und die Verteidigung Europas**
Auf dem Weg zur Europäischen Armee?

496 Seiten, Broschur, 26,00 Euro
erschienen Juni 2017
ISBN 978-3-8012-0497-6

H.-P. Bartels / A. M. Kellner /
U. Optenhögel (eds.)
**Strategic Autonomy and the
Defence of Europe**
On the Road to a European Army?

448 pages, paperback, 24,00 Euro
published in June 2017
ISBN 978-3-8012-0498-3

Die Gemeinsame Sicherheits- und Verteidigungspolitik (GSVP) war in den letzten Jahren eines der am meisten vernachlässigten Politikfelder der europäischen Integration. Während die Mitgliedstaaten ihre Verteidigungsausgaben immer und weitgehend unkoordiniert weiter kürzten, nahm die Eurokrise fast die gesamte politische Energie der EU in Anspruch. Erst die radikalen Veränderungen im globalen und regionalen Umfeld, einhergehend mit hybriden Bedrohungen und zunehmend fließenden Grenzen zwischen innerer und äußerer Sicherheit, machten die GSVP wieder zu einem politischen Schwerpunktthema der Europäischen Union. Mit der neuen Globalen Strategie (2016) und ihrem Umsetzungspaket haben die EU-Institutionen auf erstaunlich effektive Weise den Weg für eine europäische Verteidigungsunion und das langfristige Ziel einer europäischen Armee geebnet. Jetzt müssen die Mitgliedstaaten entscheiden, wie sie die gewünschte strategische Autonomie erlangen und gleichzeitig sicherstellen können, dass die Europäische Union ihre Identität als soft power wahrt.

Der vorliegende Band gewährt Einblicke in die politischen, wissenschaftlichen und öffentlichen Debatten über die Verteidigung Europas und eine robustere GSVP. Er bietet aktuelle Daten und Trends für die Verteidigungsausgaben, Modernisierungsvorhaben und multilateralen Kooperationen für jedes Mitgliedsland der Europäischen Union und identifiziert die maßgeblichen Triebkräfte für die Gestaltung der nationalen und europäischen Sicherheits- und Verteidigungspolitik. Der Band liefert einen Überblick über das bisher Erreichte und bietet konkrete Empfehlungen für die nächsten Schritte hin zu einer europäischen strategischen Autonomie.

www.dietz-verlag.de